新しい時代に必要となる資質・能力の育成 II

「学びの自覚」を促す授業事例集

横浜国立大学教育人間科学部附属横浜中学校 編

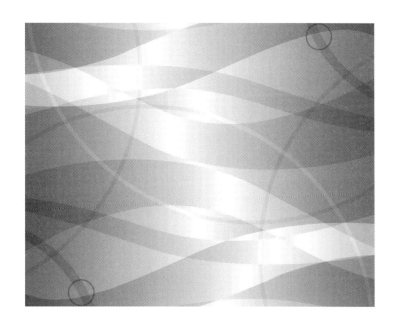

G 学事出版

はじめに

○未来を切り開いていく人材の育成に向けて

　近年，知識基盤社会と呼ばれる時代の中で社会は大きく変化し，人工知能（AI）に代表されるように，科学・技術の革新が図られる一方で，解決の見通しが立たない難問と向き合い，物質的のみならず非物質的な価値をも創造する能力が人類に求められています。そして世界のグローバル化とそれに伴う多様性，また高度情報化が私たちの生活を日々変えていく状況にあって，わが国の教育政策は，未来を切り開いていく資質・能力を備えた人材育成を推進しています。その指針となる次期学習指導要領が，今年度（平成28年度）末に示される予定です。

　これら一連の教育改変の動向を見据えながら，本校では昨年度と今年度の2年間，「新しい時代に必要となる資質・能力の育成への試み」を主題とする研究に取り組んできました。昨年度はサブタイトルを「『知識・技能』の構築へ向かう授業の工夫」と定め，「育成すべき資質・能力」の「三つの柱」（「知識・技能」「思考力・判断力・表現力」「学びに向かう力・人間性」）の趣旨に基づき，学習のプロセスを通して「知識・技能」を構築する姿を実現する授業提案・発表を行いました。そこから見えてきたことは，生徒一人一人が自らの「学び方」をどう捉えているかという新たな課題でした。

○深い学びにつながる「見方・考え方」を育てる

　平成28年8月26日に中央教育審議会教育課程部会から『次期学習指導要領等に向けたこれまでの審議のまとめ』が公表されました。『同審議のまとめのポイント』の中で「主体的・対話的で深い学びの実現（「アクティブ・ラーニング」）の視点」が3点示されており，そのうちの一つが次のように述べられています。

　③　各教科等で習得した概念や考え方を活用した「見方・考え方」を働かせ，問いを見いだして解決したり，自己の考えを形成し表したり，思いを基に構想，創造したりすることに向かう「深い学び」が実現できているか。

　ここで問われている学び方の本質については，大学教員を併任し，教員養成課程の学生を日々指導している立場から実感するところがあります。学生たちがグループで課題に取り組む様子を見ていると，目標に対して自分なりのやり方を思考できる学生と，やり方の具体的なモデルが示されないと行動できない学生がいます。これは大まかな捉え方ですが，前者の学生の方は，発想力が豊かで対話が弾み，課題の実現に向かって意欲的に活動します。それに対して後者の学生は，既成の枠内に留まり，課題に対して自らの価値を見いだせないでいるように思われます。このような差はどこから生まれるのでしょうか。この問いかけは（もちろん個人の特性に因ることも大きいのですが），学生たちが大学入学以前

に受けてきた教育の内容に向けられるでしょう。つまり「知識・技能」の習得・活用の過程で，自分の「見方・考え方」を働かせて主体的に学んできたかどうか，ということです。この課題意識は，初等・中等・高等教育の接続・連携の在り方とカリキュラム・マネジメントの観点から，これからますます高まっていくと言えるでしょう。

○「学びの自覚につながる指導の工夫」へのアプローチ

先述のように昨年度の研究主題を継続しながら，今年度はサブタイトルを「学びの自覚につながる指導の工夫」と定め，学習のプロセスにおいて個々の生徒，あるいは協働的に学ぶ生徒たちが変容していく姿をどう導き出せばよいか，という課題と向き合いました。「わかった」「できた」が一時的な結果ではなく，知識・技能を習得・活用した経験値として次の学習へと生かされ，学習者の「見方・考え方」が磨かれていくことに意味があります。そのためには，メタ認知能力を働かせて自らの学習をリフレクション（省察）することが大切であり，それが生徒の学びの自覚を促すと本研究では考えました。ここから見えてきたことは，生徒に寄り添い，支援する教師の姿，生徒が自らの学びを互いに語りたくなるような授業の場面，そして，本来の学習評価はどうあるべきかという切実な問いでした。

今年度はこれらの課題に応えるべく研究と実践を積み重ねてきました。その成果については，平成29年2月17日，18日の両日に本校で開催される研究発表会と，本書を通して公表させていただきます。どうかご意見・ご高評を賜りますようお願い申し上げます。

最後に，今年度の本校の研究推進のためにご指導を賜りました文部科学省教科調査官の先生方，ならびに横浜国立大学教育人間科学部の先生方に厚く御礼申し上げます。また，慶應義塾大学・教育課程センター教授の鹿毛雅治氏と文部科学省学力調査官の佐藤寿仁氏には校内研修会にお運びくださり，奥深い研究の見地からご教示いただきましたことに心より感謝申し上げます。

本校は今年度，創立70周年を迎えました。この間，時代が求める新しい教育の実践と研究に取り組み，近年ではプロセス重視の探究型学習を推進してまいりました。その成果は言語活動やICT教育の実践，TOFY（トフィー：Time Of Fuzoku Yokohama）やi-harvest（アイ・ハーベスト，神奈川県立光陵高等学校との連携による）と呼ばれる「総合的な学習の時間」の生徒たちの研究発表といった形で実を結んでいます。これも一重に，本校の教育活動をあたたかくご支援くださいました皆様のご厚情によるものと，改めて感謝する次第です。これからも内外の連携を強め，子どもたちが学びの道程を未来に向かって確かな足どりで進んで行けますよう，教育研究に取り組んでまいりたいと存じます。

平成29年2月

横浜国立大学教育人間科学部
附 属 横 浜 中 学 校
校 長　　中 嶋 俊 夫

新しい時代に必要となる資質・能力の育成 II
「学びの自覚」を促す授業事例集

●目次 CONTENTS

横浜国立大学教育人間科学部
附属横浜中学校

第2部　各教科の実践

次期学習指導要領への動向
〜平成28年8月『次期学習指導要領等に向けたこれまでの審議のまとめ』について

新しい学習指導要領（中学校は平成33年度より全面実施予定）の改訂に向けたこれまでの経緯をたどると，まず平成26年11月20日に文部科学大臣から中央教育審議会総会に「初等中等教育における教育課程の基準の在り方について」の諮問がなされました。これに対し，教育課程企画特別部会が平成27年8月26日付で「教育課程企画特別部会における論点整理について（報告）」をとりまとめました。そして，これを踏まえ各学校段階等や教科等別に設置された専門部会で深く議論が重ねられ，平成28年8月26日付で中央教育審議会教育課程部会が「次期学習指導要領等に向けたこれまでの審議のまとめ」を示しました。（詳細は文部科学省のホームページを参照）

本「審議のまとめ」は，今年度中に予定されている答申に先立つものとして，学習指導要領改訂の基本的な方向性を示したものであり，2030年の社会，そして更にその先の未来において，子供たちがよりよい人生を築いていくために，教育の果たすべき役割を焦点化し，社会に開かれた教育課程の実現を目指した新しい学習指導要領のあるべき姿がまとめられています。

今回の改訂は，人工知能（AI）の飛躍的進化やグローバル化の進展など，将来の予測が難しいほど急速な社会の変化の中でも，伝統や文化に立脚した広い視野と，志高く未来を創り出していくために必要な資質・能力（①知識・技能②思考力・判断力・表現力等③人間性や学びに向かう力等）を一人一人に確実に育む学校教育の実現を目指しています。その

ためには，「何を学ぶか」という指導内容の見直しに加え，「どのように学ぶか」「何ができるようになるか」の視点からの授業改善が必要となります。本「審議のまとめ」では，これらの資質・能力を実質化するために「アクティブ・ラーニング」の視点に立った授業改善と，管理職のみならず学校全体で取り組む「カリキュラム・マネジメント」の必要性を示しています。

「アクティブ・ラーニング」は，「主体的・対話的で深い学び」の実現のために，習得・活用・探求の学習過程全体を見通した授業改善から，日々の授業の質的な高まりを目指すものです。また「カリキュラム・マネジメント」は，子供たちの姿や地域の実状等を踏まえて，各校が設定する学校教育目標の実現のために，学習指導要領等に基づき教育課程を編成し，それを実施・評価し改善していくことを示しています。必要とされる資質・能力は，教科等を越えた教育課程総体の力が発揮されてこそ育成されるものだと捉えられており，この両者は教育課程の軸として一体となることが求められています。

新しい時代に必要となるこれらの資質・能力の育成について，本校では昨年度より研究を重ねてきました。生徒の学びのプロセスや自覚的な学びの獲得について追究していくことで，多様な文脈の入り交じる環境の中で，答えのない課題に対しても，多様な他者と協働しながら新たな解決策を見いだし，目的に応じた納得解を導き出せる力を確実に育むことを目指しています。

第1部

基本的な
考え方

※本書では，特に断りがない場合，次のように各資料を表記する。

本書での表記	正式名称
『学習指導要領』	文部科学省（2008）「中学校学習指導要領」
『解説』	文部科学省（2008）「中学校学習指導要領解説〇〇編」
『参考資料』	国立教育政策研究所教育課程研究センター（2011）「評価規準の作成，評価方法の工夫改善のための参考資料（中学校　〇〇）」
『附属横浜中』（2014）	横浜国立大学教育人間科学部附属横浜中学校（2014）「思考力・判断力・表現力等を育成する指導と評価Ⅳ　言語活動を通して学習意欲を高める授業事例集」，学事出版
『附属横浜中』（2015）	横浜国立大学教育人間科学部附属横浜中学校（2015）「思考力・判断力・表現力等を育成する指導と評価Ⅴ　『見通す・振り返る』学習活動を重視した授業事例集」，学事出版
『附属横浜中』（2016）	横浜国立大学教育人間科学部附属横浜中学校（2016）「新しい時代に必要となる資質・能力の育成Ⅰ　『知識・技能』の構築をめざす授業事例集」，学事出版
『論点整理』（2015）	中央教育審議会教育課程企画特別部会（2015）「教育課程企画特別部会における論点整理について（報告）」
『審議のまとめ』	中央教育審議会教育課程部会（2016）「次期学習指導要領等に向けたこれまでの審議のまとめ」

新しい時代に必要となる資質・能力の育成Ⅱ
～「学びの自覚」につながる授業実践を通して～

1 研究の概要

(1) 本研究とこれまでの研究とのつながり

　本校では平成17年度から思考力・判断力・表現力等を育成する授業研究に取り組んできた。平成29年3月告示予定の新学習指導要領では，「アクティブ・ラーニング」の視点からの授業改善が求められているが，それは本校がこれまで継続して取り組んできた思考力・判断力・表現力等を育成する授業に大きく通ずるものである。学習指導要領改訂を目前に，ここで改めて本校が目指す学びを問い直し，そこに現代的な意義を見いだすことが重要になる。

　昨年度より本校では，学習指導要領改訂を視野に入れて，「新しい時代に必要となる資質・能力の育成への試み」をテーマに研究に取り組み，本年度はその二年目に当たる。研究一年目の昨年度は，「知識基盤社会」の時代における「知識」の考え方を切り口に，新しい時代の学力観に基づく「知識」「技能」の捉え方や指導のあり方を提案した。詳細は，『附属横浜中』(2016)（「『知識・技能』の構築をめざす授業事例集」）を参照されたい。昨年度の研究で明らかになったことは，『審議のまとめ』の次の記述ともつながる。

> 　各教科等において習得する知識や技能であるが，個別の事実的な知識のみを指すものではなく，それらが相互に関連付けられ，さらに社会の中で生きて働く知識となるものを含むものである。
>
> 　（中略）基礎的・基本的な知識を着実に習得しながら，既存の知識と関連付けたり組み合わせたりしていくことにより，学習内容（特に主要な概念に関するもの）の深い理解と，個別の知識の定着を図るとともに，社会における様々な場面で活用できる概念としていくことが重要となる。
>
> 　技能についても同様に，一定の手順や段階を追って身に付く個別の技能のみならず，獲得した個別の技能が自分の経験や他の技能と関連付けられ，変化する状況や課題に応じて主体的に活用できる技能として習熟・熟達していくということが重要である。(pp.26－27)

　昨年度は，このような「知識」「技能」の考え方を踏まえ，問題解決的な学びのプロセスの中で「知識・技能」の構築を実現する授業実践を行った。それは何か特定の知識や技能が身に付けば解決できるものではなく，生徒たちが課題や状況に応じて，多様な仲間と議論を交わしつつ，これまでに身に付けている知識や技能を活用したり，新たに収集した情報等と組み合わせたりしていく「試行錯誤のプロセス」に学びの価値を置く授業である。

　そのようなプロセスを繰り返し体験することで，ともすると他律的に与えられた知識や

技能も，生徒たちの中で実感を伴って深く理解されていく。最終的に目指すのは，それらが生徒の中で構造化され，各教科で育成したい「見方や考え方」（＝教科を学ぶ本質的意義）につながる概念的な知識・技能となっていくことである。そのように構築された「知識・技能」は，先の見えない時代において，新たな価値の創造への可能性を含むものとなるだろう。

その一方で，このような生徒の試行錯誤の学びのプロセスに，教員がどう寄り添うのかについては課題が残った。「他者と協働しながら試行錯誤する」というアクティブな生徒の学びの姿を，従来と変わらないペーパーテストや実技テストによって，また形式的な授業感想カード等によって評価することがふさわしいとは言えない。また，観点別学習状況の評価をどのように関連付けるかについても曖昧さが残った。

このように，学びの結果ではなくそこに至るプロセスに価値を置く授業では，そのプロセスでの学びがアクティブであったかどうかが問われるが，それを真の意味で判断できるのは教員ではなく生徒たち自身である。そのため生徒が自らの学びを自覚的に語れることが非常に重要になってくる。

しかし，学びの自覚は生徒の問題にとどまらない。その授業には生徒たちが自らの学びを語りたくなるような仕掛けがあったのか。生徒たちが自らの学びを語る時間と場は保障されていたのか。さらに，生徒たちの語りに寄り添い，学びを実感できるようなコメントが教員によってなされていたのか等々，そこで問われるのは私たち教員の指導の問題でもある。そこで本年度の研究副主題を「学びの自覚につながる指導の工夫」とし，新しい時代の学びとその評価の目指す方向性について授業実践を通して研究することとした。

（2）『審議のまとめ』に見る新しい時代の評価

新しい時代の評価については，『審議のまとめ』にもその改善の方向性が示されている。

「子供たちにどういった力が身に付いたか」という学習の成果を的確に捉え，教員が指導の改善を図るとともに，子供たち自身が自らの学びを振り返って次の学びに向かうことができるようにするためには，この学習評価の在り方が極めて重要であり，教育課程や学習・指導方法の改善と一貫性を持った形で改善を進めることが求められる。（p.56）

ここには学習評価の二つの目的を読み取ることができる。一つは「子供たち自身が自らの学びを振り返って次の学びに向かうことができるようにする」ことである。子供たちが振り返るべき「自らの学び」とは何か。『審議のまとめ』の言葉を用いるなら，「子供たちが行っている学習にどのような価値があるのかを認め，子供自身にもその意味に気付かせていくこと」（p.59）がそれに当たる。

もう一つの目的は，子供たちの「学習の成果を的確に捉え，教員が指導の改善を図る」ことである。これは「指導と評価の一体化」（p.58）とも言える。ここで注意したいのは，学習の「結果」ではなく「成果」とされている点である。本研究では，教員が捉えるべき学習の成果とは，「個々の授業のねらいをどこまでどのように達成したかだけではなく，子供たち一人一人が，前の学びからどのように成長しているか，より深い学びに向かって

いるかどうか」（p.56）にあると考える。

　このように子供たちが学びの価値や意味に気付けること，そして子供たちが学びを通して成長する自分を実感できることが大切であり，新しい時代の評価においては，私たち教員が子供たちの学びを「質的」に捉えられるかがカギになると言える。『審議のまとめ』でも「教員一人一人が，子供たちの学習の質を捉えることのできる目を培っていく」（p.59）ことの重要性が指摘されている。本研究ではそのための指導の工夫を研究する。

2　研究の経緯

　5月に研究副主題「学びの自覚につながる指導の工夫」を設定し，その後，生徒の学びの実態の把握と先行研究の確認，具体的な指導の工夫についての仮説作り，講師を招いた「評価」の考え方の研修，そして各教科での授業実践と研究を進めた。

（1）本校生徒の学びの実態　～授業評価の結果から～

　本校では年2回，生徒による授業評価を全教科で実施している。質問用紙は各教科で作成されるが，全教科で共通して質問するのが次の3項目である。

> 項目1　授業を通して，教科の力が身に付いてきたという実感がある。
> 項目2　自分の考えを深めたり，新たな発見をしたりする機会がよくある。
> 項目3　授業の中で，関心が広がったり，学ぼうとする意欲が高まったりするなど，
> 　　　　自分自身の成長（変容）に気付くことがある。
> 選択肢：①そう思う　②どちらかといえばそう思う　③どちらかといえばそう思わない
> 　　　　④そう思わない

　次に示す図1～6は，質問項目1と3について，平成27（2015）年度末実施分（昨年度2年生対象）と平成28（2016）年度7月実施分（今年度3年生対象）の結果を並べてグラフにしたもの（目盛はパーセント）である。紙面の都合上，国語，数学，保健体育の3教科について取り上げるが，他教科においても似たような傾向が見取れる現状がある。

　本校は長年にわたって各教科で「身に付けたい力」を明確にしつつ，思考力・判断力・表現力等を育成する授業を行ってきたためか，項目1「教科の力が身に付いた実感」につ

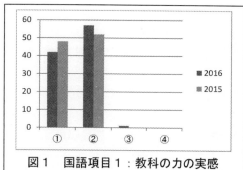

図1　国語項目1：教科の力の実感

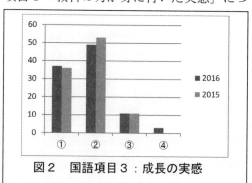

図2　国語項目3：成長の実感

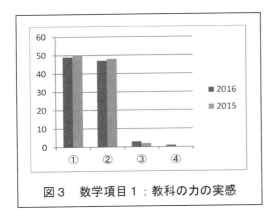

図3　数学項目1：教科の力の実感

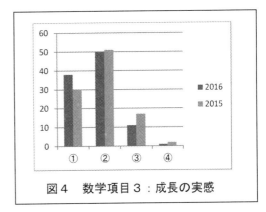

図4　数学項目3：成長の実感

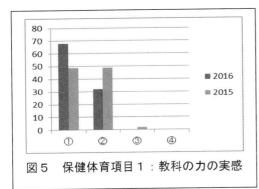

図5　保健体育項目1：教科の力の実感

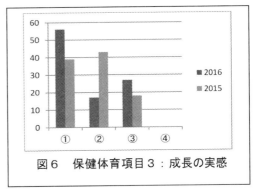

図6　保健体育項目3：成長の実感

いては，図1・3・5のように全学年・全教科で9割以上の生徒が「①そう思う」「②どちらかといえばそう思う」と回答する。また，項目2についても同じような結果が出る。

　その一方で，項目3「授業における自分の成長（変容）の実感」については，図2・4・6のように，「③どちらかといえばそう思わない」「④そう思わない」という生徒が全教科で少なからずいる。

　この傾向はここ数年変わらず，今年度もその理由を話し合った。「そもそも成長なんてすぐに実感できるものではない」という考え方もある一方で，気になるのは，項目3で③・④と回答した生徒の中には，私たち教員から見ると授業に主体的に参加し，その中で成長を遂げていると見取れる生徒が何人か含まれているという点である。

　なぜその生徒たちが授業での自分の成長を実感できないか。その理由を二つに分析した。一つは，いわゆる成績としての「評定」の影響である。生徒がどんなに授業に主体的に参加しても，それが評定に反映されないと学びの価値や自己の成長を実感できない。学びの成果を「評定」で測る現状があるなら，それは大きな課題であると考えた。

　もう一つは生徒の「学習観」である。授業改善には努めているものの，一部の生徒にとっては依然，学ぶことは自己の成長や豊かな生活のためではなく，何かを覚えることや特定の技術を身に付けることと認識されている可能性がある。

　このような実態を踏まえ，生徒が授業での学びを通して自分自身の成長（変容）に気付ける指導と評価の研究の必要性を改めて確認した。

（2）先行研究の確認

　中学校現場における「学びの自覚」に関わる実践研究として，平成26年の岩手大学教育学部附属中学校による研究がある。研究主題は「新しい社会に生きる学びの構想～学びの自覚化を促す指導を通して～」であった。本校では当時の研究主任である佐藤寿仁氏（現国立教育政策研究所学力調査官）を招き，研究の成果と課題についてお話しいただいた。

　研究の動機ともなった生徒の実態には，附属横浜中学校と共通する部分があると感じた。佐藤氏はそれを「孤独なOUTPUT」と名付ける。授業では多くの生徒が意欲を持って積極的に考えを発言したり，記述したり（OUTPUT）する。しかしそれは「言えた」「書けた」というレベルでの自己満足や，「分かった気」にとどまっている場合も少なくなく，学びを日常生活に応用させようとする意欲や学びの効力感になかなかつながらないという分析がなされていた。最大の問題は，そのような一見積極的な生徒の姿を目にして，授業がうまくいっていると教員が思ってしまうことにある。佐藤氏が強調していたのは，研究の目的は「学びの自覚」が何かを問うこと以上に，そのための教員の「指導の工夫」に向かうべきだという点であった。それは本校の今年度の研究においても重要な視点であると考えた。

　研究の成果としては「学びの自覚」を促すための授業改善が行われたことが挙げられる。主体的な学びを目指して単元指導計画・授業作り・発問・題材等が見直され，生徒の認知変容を見取るためのワークシートの工夫等が具体と共に示された。一方課題としては，教科，領域等の本質部分を追求していく必要性，そして学びの評価の問題が挙げられた。

　本校では岩手大学教育学部附属中学校の研究を参考とし，昨年度から行っている教科の本質を踏まえた授業づくりを一層推進すること，また学びの評価についての研究に挑むことを今後の研究の方向性として確認した。

（3）「学びの自覚につながる指導の工夫」　～平成28年6月授業研究会から～

　今年度の研究主題に基づく最初の授業研究は，数学科の授業をモデルとして行った。答えを求めることが目的化されがちな数学で，答えに至るまでの生徒一人一人の多様な学びのプロセスをどう自覚させるか。また，学びの価値や自己の成長にどう気付かせるか。そのための指導の工夫について授業を分析しながら討議した（本書籍pp.62－65に実践紹介）。

　研修会では，提案授業から明らかになったことを，今の時点で考えられる「学びの自覚につながる指導の工夫」への仮説として次のように整理し，共有した。

【単元構想】の段階での工夫
  ・教科の本質（各教科等の特質に応じたものの見方・考え方）に根ざした探究課題を設定すること。
  ・教科の本質を，生徒のどんな「学ぶ姿」で実現したいか，探究課題に即して教員が具体的なイメージを持つこと。
  ・単元の学びを支え，課題を探求するために必要となる「知識」や「技能」を既習事

項も含めて整理した上で，本単元で特に重点を置く「身に付けさせたい力」を設定すること。

【学びの見通しを持つ】段階での工夫

・生徒に探究の必然性（考えてみたい，おもしろそう，できるようになりたい等）を伴って課題を理解させること。そのための単元の導入や課題提示の仕方を工夫すること。

・生徒各自に学びはじめの状況（分かることと分からないこと，できることとできないこと，既習事項との関連等）を確認させた上で，結果と過程を見通させ（『附属横浜中』(2015) pp.15－16），現時点での考え（before）を記録させること。

【協働的な学び】での工夫

・音声言語による説明活動を充実させること。

・机間巡視時に教師が適切なコメントをすること。例えば，多様な考えを認めて必要に応じて全体に紹介する，思考が滞っている生徒への支援，考えの言語化に苦労している生徒への支援等。

・思考の深まりに必要となる学習語彙を適宜指導すること。例えば，国語科「相手意識」，社会科「背景」「因果関係」，数学科「一般化」等。

・協働的な学びを通して変化し，深まっていく生徒の思考を記録できる環境を整えること。例えば，ワークシートの工夫，板書の工夫，ノート指導の工夫等。

【学びの振り返りをする】（『附属横浜中』(2015) pp.17－18）段階での工夫

・「学びの価値」に気付ける振り返りの視点を示すこと。（悪い例：感想を書きなさい。ABCで評価しなさい。）

・現在の自分の考え(after)を言語化させること。学びはじめの考え(before)がどこで，何をきっかけに変化，深化したかを明らかにさせること。そのために，特に失敗や行き詰まった瞬間に丁寧に向き合わせること。

【学びの評価】における工夫

・よい気付き（教科の本質に根ざした考え方，以前の学び，他教科・他領域の学びや生活場面との関連性等）や新たな学びへの意欲（『附属横浜中』(2014) pp.14－15）をほめること。

・生徒の振り返りをその後の授業の題材としたり，次の単元構想に生かしたりすること。

・観点別評価を視点としながら生徒のパフォーマンスや言語化された思考を分析し，課題があると判断した点については必要な手だてを講じること。

この整理から明らかになったことは，「学びの自覚につながる指導の工夫」は，昨年度の研究「『知識・技能』の構築へ向かう授業の工夫」（『附属横浜中』(2016)，p.13）と多くの部分で共通するということである。つまり，生徒の学びの自覚は，「知識・技能」が構築されていく過程で実現すると考えられ，本研究は昨年度の研究の延長線上に位置付くことが改めて確認された。

（4）「評価」を学びのリフレクションと考える

　7月に慶應義塾大学教育課程センター教授の鹿毛雅治氏を講師とした研修会を行った。新しい時代の学びの評価を考えるにあたって，教育心理学を専門とする鹿毛氏からは「リフレクション（省察）」という考え方が提案された。

　教育現場にあって，「評価」は主に教育実践の終末期における「成績をつける作業」や「成績をつけるシステム」と考えられがちである。「自己評価」についても，自己評価カード等に授業の感想や目標の達成度を書かせる作業と誤解している教員もいる。しかし本来「評価」とは，そのような作業やシステムではなく，私たちの日常生活に埋め込まれた思考活動と捉えるべきであるというのが鹿毛氏の考えである。

　私たちは何か問題を解決しようとする時，まず対象について情報を集めてその状況を把握する。そしてそこから判断した結果を活用して問題解決を図る。例えば，選挙で誰に投票するかという課題。新聞やテレビ，インターネット等から情報を収集し，熟考した上で自分なりの結論を導いて投票する。そこには「評価」という思考が働いている。その一方で候補者のポスターのイメージだけで安易に投票する者もいるかもしれない。

　「評価」とは，このような「問題解決に向けた探究へといざなう評価的思考」（＝「リフレクション（省察）」）であって，問われるのはそこでなされた「思考の質」である。「思考の質」への着目は，本研究の目指す方向性と一致する。

　鹿毛氏は，学びのリフレクションによって思考の質を高めるプロセスを次の図のように説明する。新しい時代の学びにおいて「体験」が重要となることは『附属横浜中』（2016）（p.13）でも言及したところだが，鹿毛氏は質の高い学びには，まず，その体験における生徒の心理的没頭（エンゲージメント状態／熱中する，のめりこむ，興奮する等）が欠かせないと言う。

　そして生徒が学びに没頭できれば，その体験を「振り返りたい」という気持ちは自ずと生まれる。教員が自己評価カードの記入を指示するまでもない。そのためには教員が，生徒が学びに没頭できるような魅力ある単元開発，教材開発をしていることが前提となる。これは前記の6月の授業研究会での整理に通じる。

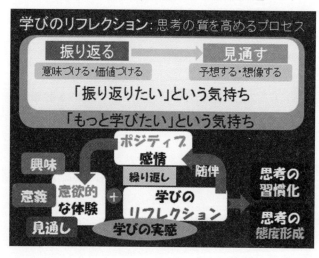

　鹿毛氏はさらに，このような体験を通して生まれたポジティブ感情（見方が変化した自分，新たな視点を得た自分，考えが深まった自分等）を引き出し，生徒に「学びの実感」を保障することが併せて必要であると言う。そのためには，生徒が自分の言葉で体験から感じたことを語り，綴れる学びの環境を整えることが必要になる。この「言語化」の重要性も，6月の授業研究会で確認したところで

ある。

　このような「心理的没頭を伴う意欲的な体験」→「リフレクションを通しての学びの実感」の繰り返しは，生徒の「思考の習慣化」「思考の態度形成」を促す。より物事の本質に迫って考えようとする姿勢，新たな関係を見いだそうとする姿勢，さらに発展的に問おうとする姿勢等がそれに当たる。生徒はこのようにしてうまく思考できたときの感触をつかんでいく。それは未知なる課題や状況を目の前にした時に発揮される学力となる。

　鹿毛氏の考え方は，アクティブ・ラーニングに欠かせない自己評価活動の本来の在り方を考える上でも示唆に富んでいる。「自己評価」については『審議のまとめ』にもその重要性が指摘されている。

　　　子供一人一人が，自らの学習状況やキャリア形成を見通したり，振り返ったりできるようにすることが重要である。そのため，子供たちが自己評価を行うことを，教科等の特質に応じて学習活動の一つとして位置づけることが適当である。(中略)その際，教員が対話的に関わることで，自己評価に関する学習活動を深めていくことが重要である。(p.59)

　研修会を通して，生徒が自らの思考を深めていくための見通しの持たせ方や振り返りのさせ方，生徒が言語化した思考への教員の対話的な関わり方，その質的な解釈の仕方等について授業の具体を通して研究することが今後の方向性となると確認した。本書籍第2部「各教科の実践」にはその成果をまとめた。

3　成果と今後への課題

(1)「学びの自覚」とは何を自覚させることなのか

　各教科での授業実践を終えて，教員に「学びの自覚とは結局，何を生徒に自覚させることだと考えますか」という質問をし，その回答を整理した。一言でまとめるなら，それは「学ぶことは楽しい」ということに尽きる。その場合「楽しさ」の中身が問われる。本校教員が見いだした楽しさのイメージは次のようなものである。

　　　授業を通して獲得した知識・技能や授業で体験した見方・考え方を，今後直面する生活の場面や新たな疑問を解決する際に使ってみたいと思えること。そしてそれによって，自分はより豊かに生きていけると感じること。

　そのためにはどのようなプロセスを通して知識・技能を身に付けたのか，どのような見方・考え方が課題解決に有効だったのか等について，生徒が自分の言葉で語れる指導が前提となる。とすると，生徒が「単元全体」を俯瞰できる学びの記録の工夫が重要になる。同様に教員も「単元全体」を見渡して授業を構想することが求められる。本校では長年に渡り「プロセス重視の学習指導案」(本書籍pp.26－30)を用いて単元構想をしてきたが，その有効性が改めて確認された。

（2）生徒自身が「学びのめあて」を設定できることの重要性

　私たち教員は単元構想に際し，この知識・技能を身に付けさせたいという「ねらい」やこんな見方・考え方を体験させたいという「願い」を持つ。これまでは教員の設定した「ねらい」をそのまま単元や本時の「めあて」として生徒に提示していたこともあった。

　しかし本研究で明らかになったのは，「学びの自覚」につなげるためには，「学びのめあて」は，生徒各自が課題を「自分ごと」として捉える過程で設定されるべきであるということである。授業ではそのために十分な時間がかけられるべきである。教科の本質に根ざした探究課題を設定することや，探究の必然性を伴って課題を理解させる単元の導入や課題提示の工夫の意味もここにある。

（3）生徒の思考にどう寄り添い，どう支援するか

　探究的な課題では，生徒たちが思いや考えをうまく言語化できずとまどったり，言語化はしたものの解決の方向性を見失って右往左往したりする場面がよくある。しかしそのとまどいにこそ意味があり，そこから学びを自覚させていくためには，教員が生徒の目つき，顔つきに気を配りながら，それに根気よく寄り添うことが必要になる。

　今年度多くの授業で見られたのが，教員が生徒の目線の高さにかがみ，そこで一人一人と時間をかけて話す場面である。私たちはつい集団全体が指示通りに活動することや，活動を時間内に終えることに気を取られるが，教員の授業計画を優先する限り，生徒の思考に寄り添ったりそれを解釈したりすることは難しい。

　生徒たちのつぶやきに耳を傾け，時にはうなずき感嘆する。教員の予想とズレが生じている場面があれば，「どうして？」「それはどういうこと？」と問いかける。そのため，計画通りに授業が進行

しないことも多い。しかし，そこで交わされた言葉を全体に紹介したり，生徒の記述をもとに次の授業を構想したりしていくことで，生徒は自分たちが学びに参加している実感を持つ。

　限られた時間でこのような授業を常に行うことは難しい。生徒全員の記述を分析し，その学びの実態から計画カリキュラムを修正していく作業には大変な労力がいる。しかしこれこそが私たち教員が参加するカリキュラム・マネジメント（『審議のまとめ』p.21と関連）への第一歩ではないか。1年間の学びを見渡しながら，力を注ぐ単元を判断していくことが今後の大きな課題となる。

（4）「学びの視点」を示す

　探究的な課題に取り組むと，生徒も教員も，色々と活動はしたものの結局何を学んでい

るのかよくわからなくなることがある。その時に必要となるのが「学びの視点」である。その際，観点別評価の「観点」の捉え方が重要となると考える。本研究を通して，「観点」を教員にとっては「学びを解釈する視点」，生徒にとっては「学びの評価情報」と考えることを提案したい。学習指導案に提示する各観点の「評価規準」を，課題の文脈に即して，また生徒の学ぶ姿に即して，授業の具体の場面で教員と生徒が折にふれて共有していくことが重要になると考える。

　注意しなければならないのは，その共有に当たって「○○ができたらA」とか「××が書けていないとC」となると，その学びは「評定のため」に豹変する。実践を通して効果的だと感じたのは，（3）にも述べたように，単元の初期段階から，教員が生徒のつぶやきや記述に「いいね」「それはどういうこと？もう少し説明して」等のコメントを続けていくことである。その積み重ねによって生徒は学びの価値付け方を体得し，それは学びの振り返りの視点となっていく。とするならば，教員のコメントも思い付きの感想ではなく，「観点」を意識したコメントを心掛けたい。

（5）「定期テスト」をどう考えるか

　本研究中にも定期テストが何度か行われた。これまでも本校では各教科の特性を踏まえたテストを行ってきた。一年に一回も行わない教科もあれば，100点満点にしない教科も多い。もちろん合計点で生徒を並べることもしない。そこには私たちの学力観が反映されている。本研究を通してその方向性に間違いはないという思いは一層固くなった。

　これからの学力が「思考の質」を問う以上，定期テストはあくまで補助的な評価材料と考えるべきだ。学びの質を支える知識や技能の定着を見る場合，量的尺度が有効なものもある。また，授業で身に付けた思考力や表現力の初見の課題への応用力を試し，その状況を生徒や保護者に学びの一情報として提供するという意味でのテストは有効だろう。

（6）教員の研修時間の保障

　新しい時代に必要となる力を育成する授業は，これをすればうまくいくというものがない。教員自身も日々が試行錯誤である。生徒の記述を分析するためだけでなく，自らの授業実践が独りよがりにならないように客観的に振り返る時間も必要だ。それは決して一人ではできない。同教科の教員と，また同学年生徒の指導にかかわる教職員と実践を報告し合い，忌憚のない意見を交わし合える場が必要となる。『審議のまとめ』にも「日常的に学び合う校内研修の充実等を支援する方策を講じること」（p.60），「教科等の枠を越えた校内の研修体制の一層の充実を図り」（p.61）等の記述があるが，それは新しい時代の教育においては必要不可欠である。

【参考文献】

・鹿毛雅治（2007）『子どもの姿に学ぶ教師　「学ぶ意欲」と「教育的瞬間」』，教育出版
・岩手大学教育学部附属中学校（2014）『研究紀要　新しい社会に生きる学びの構想　〜学びの自覚化を促す指導を通して〜』

本校の特色ある教育活動における学びの自覚

1　ICTの利活用

（1）本校のICT環境

　本校は平成23年度末から生徒一人に一台のTPC環境を整えている。またそれだけでなく，すべての普通教室に電子黒板(IWB)と教師用PC，実物投影機が備え付けてある。生徒用TPCが各教室の充電保管庫にあり，電子黒板と教師用PC・実物投影機は常に接続されているため，教師は準備時間をほとんど必要とせずにこれらのICT機器を授業で活用することができるのである。これらの機器の特長は『附属横浜中学校』(2016)を参照されたい。

　さて，このような環境で日々の授業を行っている本校としては，本研究におけるICTの効果的活用についても考えていきたいところである。また，『審議のまとめ』（別紙p.10）にも「各教科等における情報活用能力の育成　改善・充実のイメージ」が示されているように，今後益々ICTの利活用は教育現場で必要とされていくと考えられる。以下にICTの効果的活用と，本研究におけるICTの役割を述べていく。

（2）『審議のまとめ』でのICTの効果的活用について

　『審議のまとめ』（別紙）では「情報活用能力を構成する資質・能力」や「各教科等における情報活用能力の育成　改善・充実のイメージ」等，ICTの効果的活用について多くのページが割かれている。中学校全体のカリキュラム・マネジメントを意識するならば，後者に注目すべきであろう。「各教科等における」と銘打たれているので，各教科固有のICT利活用があるわけだが，すべての教科を貫く視点からのイメージも示されている。それは「アクティブ・ラーニングの視点に立った学習活動において，ICTを効果的に活用した学習が行われるようにすること」である。これはまさに本校が意識してきた学習活動そのものである。また，「全体の方向性　総則など」のところでは，「教科横断的な視点からのカリキュラム・マネジメントが実現するようにすること」が示されており，「総合的な学習の時間」のところでは「情報の集め方や調べ方，整理・分析の仕方，まとめ方や表現の仕方などの，教科横断的に活用できる『学び方』を身に付けること」となっている。このような教科横断的な総合的な学習における探究活動も本校が実践してきた学習活動である。

　以上のことから，本校におけるICTの効果的活用をこの『審議のまとめ』（別紙）を視点としながら，今年度の研究テーマである「学びの自覚につながる指導の工夫」について述べていくこととする。

（3）「学びの自覚につながる指導の工夫」におけるICTの効果的活用実践例

①多くの他者の考えを即時的に知る（社会・理科など）

　協働学習で他者の考えを即時的に知るためのソフトとして，Microsoft Officeの「One Note」を各教科で活用している。ここでは，社会・理科の実践例を紹介する。

　社会では１年生の地理的分野で「世界各地の人々の生活と環境」における各地域のまとめに活用した。「暑い地域について学習したことをグラフや図を使いながら班でまとめよう」という課題を提示し，各班で取り組むのだが，それぞれの生徒が重要だと感じる視点には違いが生じる。よって，各班が仕上げるまとめは多様になるため，できあがった後にOne Noteに書き込まれた他の班のものを見ると，新しい視点が獲得できたり，自分たちの視点と比較できたりするのである。また，多くの班が作成したものを即時的に見ることが出来るため，たいへん便利である。

　理科では１年生の「力の世界」のまとめで「グループごとに問題を作成し，クラスの友達に出題，その評価をOne Noteに書き込む」という活動を行った。やはりここでも書き込まれた内容が即時的に確認できるため，学習の振り返りにはとても有効である。また，全体に共通する改善点や課題については，IWBに映してクラス全体でも共有できる（図１）。

図1

　このように，その場で多くの他者の考えを共有できるので，協働学習において有効であり，また，今まで学習してきたことを「自覚」する上でも大いに役立っている。

②自分のパフォーマンスを客観的に見つめる（国語・英語・保健体育など）

　国語や英語のスピーチ，保健体育の動作などを自分でもう一度見直すためには，ICT機器を使って録画をする以外に方法はない。この「見直す」という活動がまさに，自分の学びを自覚することである。また，自分を見直すだけでなく他者との協働学習の場面でも大いに有効である（図２）。

図2

　そして，これらの動画や画像を生徒や教師が共有で使用できるサーバー上のフォルダに保存しておけるので，他者との比較や自分の変化などにも気付くことが出来る。

　このように，アドバイスしながら仲間と高め合う場面や，自分をじっくり振り返る場面でもICTは有効であることが分かる。

③画像やグラフが見えるので「自分ごと」になりやすい（数学・技術家庭・音楽など）

手元に実物がないことは，授業ではよくある。もちろん，資料集やプリントでもそれを補うことは可能だが，PCには到底かなわない。数学では立体をいろいろな角度から見たり，データを打ち込んでグラフにしてみたり（図3）とまさに活用の場面はたくさんある。

可視化することで課題解決に近づいていることが確認できたり，そもそも課題追究に対して興味が湧いたりすることも多い。このようにICTは生徒たちの「エンゲージメント状態」を作り出し，質の高い学びへとつなぐ（鹿毛2007）大きな役割も担っている。

図3

技術家庭の技術分野では，TPCを活用した「CMづくり」を行った。テレビCMなど生徒の興味関心が高いものを題材にし，技術分野なのでPCの使い方そのものも学習できるようになっている。本校の生徒用TPCのカメラ機能も使いながら楽しく学習している様子が伺えた。

音楽では，本校にない楽器の音色を聞いたり，作曲をしたりするときにTPCを使用している。これも実際の音を聞くことでより実感がわき，生徒の意欲へとつながる。

このように，TPCは課題を生徒に引き付けたり，生徒が課題に没頭できたりする入り口となり得るものと言える。

④実社会とつながる（国語・美術など）

生徒はよく「なぜこれを学習するのだろうか」と考える。その一つの答えとなり得るものとして「実社会とのつながり」が挙げられよう。概念的な知識を応用して「使える」レベル（石井 2015）になるイメージが湧くからである。

国語では2年生の「意見文を書こう」という単元でTPCを活用した。新聞を購読する家庭が減少する中で，「朝日新聞デジタル」で実際の投書を読み，共感する投書について理由を分析する。そして，各自が

図4

共感した投書をグループで紹介し合い，そこから「共感を得る意見文の条件」を話し合う（図4），という活動である。実際の投書を題材とすることで実社会と学びとのつながりが明確になり，活発に議論したり考えたりするようになる。

そして，さらに興味を持った生徒は実際に投書をする，という行動につながった。新聞に掲載された生徒もおり，まさに「使える」レベルになっているといえよう。

美術では「ピクトグラム」（図5）の作成や「デザインバーコード」の作成を，TPCを使用して行った。この活動も，実社会にあるものを題材としているため，生徒がスムーズに課題に向かえるようになっている。また，世の中にあるものと比較したり，世の中にないけれども必要ではないかと考えたりすることは，深い学びへとつながるといえる。

図5

このような実践だけでなく，例えば単なる情報収集でも，実社会とのつながりを教室で感じられることはとても有意義である。

（4）今後に向けて

『審議のまとめ』（別紙）に「アクティブ・ラーニングの視点に立った学びの過程におけるICTの効果的活用の例」が図式化されているように，今後ますます教育現場で期待されるICTの利活用だが，ただICT機器を使えばよいわけではない。本校はICTの利活用を始めて5年目になるが，今までの経験から大切だと思われるポイントを述べることとする。

まず，当然だが，「深い学び」や「対話的な学び」，「主体的な学び」を実現するための「ツール」としてICT機器を使うということだ。本校でも様々な実践をしてきたが，実際のところ，ICT機器を使う授業のほうが多くの時間を要する。それを補って余りある効果がなければICT機器を使う意味はない。その点から，これから始める場合には（3）で紹介したような事例からが良いと考える。今回は本校の研究と絡めた教科の授業での活用を紹介したが，学活や特活，行事や部活動などにも活用の可能性はある。

次にどの程度ICT機器を整備するかだ。学校に数台しかない電子黒板や，生徒数に対して少ない生徒用端末では，一部の教科や教師による利用しか期待できない。いつでもどこでも誰でもが使える状態にないと，効果的な活用にはならない。この「いつでもどこでもだれでもが使える」環境にICT支援員は重要である。授業中の機器のトラブルに対応してくれるので，安心してICTを活用できるからだ。一気に環境を整備できない場合には，まずは教室すべてに電子黒板，というように段階的に，しかし，教室の環境は一律に，が良いと考える。また，生徒端末にはキーボードがあることが望ましい。これは，本研究でも明らかになったように，これからの学びにおいては，自分の考えを言語化する場面がますます増えてくることが予想されるからだ。このように，生徒の活動の具体をきちんと考えた上での導入も必要不可欠な要素である。

【参考・引用文献】
・石井英真（2015）『今求められる学力と学びとは -コンピテシーベースのカリキュラムの光と影』，日本標準
・鹿毛雅治（2007）『子どもの姿に学ぶ教師「学ぶ意欲」と「教育的瞬間」』，教育出版

2　道徳教育における試み

1　『審議のまとめ』に見る道徳で目指す学ぶ姿

　平成31年度から「特別の教科　道徳」が週1時間実施されることとなっている。『審議のまとめ』には，「よりよく生きるための基盤となる道徳性を養うため，道徳的諸価値についての理解を基に，自己を見つめ，物事を広い視野から多面的・多角的に考え，人間としての生き方についての考えを深める学習を通して，道徳的な判断力，心情，実践意欲と態度を育てる」とある。そのために発達の段階に応じ，答えが一つではない道徳的な課題を一人ひとりの生徒が自分自身の問題と捉えて向き合う，「考え，議論する道徳」への変換を図ることが求められている。このことより，生徒たちが自立した一人の人間としてよりよく生きるための基盤を養えるよう，本校では体験的な活動を通して多様な見方や考え方に触れ，人間としての生き方を考える姿を目指している。

2　今年度の実践例　（2年生）単元名　「こころの授業Ⅱ」

（1）道徳で指導すべき内容と学ぶ姿をつなぐ授業の工夫

①3年間継続して行う単元構想

　道徳教育の目標を達成するために指導すべき内容項目は，4つの視点に分けて示されている。道徳教育の根幹をなす自己理解を基盤とし，人との関わりの中で主体的な自己形成を目指せるように，思考のプロセスに連続性を持たせる3年間で完結するプログラムを構想した。本プログラムは，養護教諭とスクールカウンセラー（以下SC）が共に参加して行う点に特徴がある。

　昨年度は，4つの視点の中の「1．主として自分自身に関すること」に当たる部分に焦点を当てた。さらに今年度は，「2．主として人との関わりに関すること」に視点を置き，自己を人との関わりにおいて捉え，望ましい人間関係の構築を図るための考え方を追求するようにした。昨年度の取組の振り返りからの単元導入により，学びの必然性と連続性を生徒が意識できるように心掛けた。

　　3年間の総合テーマ：「こころの授業〜自主的・主体的な自己形成を目指して〜」

　　〇昨年度（1年生対象）「こころの授業Ⅰ」

　　　「個」の関わりから学ぶ。自分をしる。（自分からみた自分）

　　　〜自己形成に向けて，自分探しから始めよう〜

　　〇今年度（2年生対象）「こころの授業Ⅱ」

　　　「他者からみた自分」を意識する。

　　　〜自分をしり（自分を客観的に捉え）他者と共によりよく生きるための考え方を
　　　　探ろう〜

　　〇来年度（3年生対象を予定）「こころの授業Ⅲ」

　　　「集団」の関わりから学ぶ。（社会からみた自分）

　　　〜集団の中の自分をしる〜

②学びの自覚化と道徳授業

　本校の研究テーマ「学びの自覚につながる指導の工夫」は，教科学習はもちろんのこと，

それ以上にこれからの道徳授業においても重要だと考える。これまでの自分を振り返りこれからの自分を見通すこと，自分の思い・感情・考えを言語化する作業を通して，自分を客観的に見つめること等，本校の教科授業で心がけている工夫は，道徳教育における資質・能力の育成にも深くつながる。本実践では本校で研究してきたこれらの「学びの自覚につながる指導の工夫」を意識した授業を心掛けた。

　具体的には，自分の考えを静かにまとめる時間と仲間との考えを共有する時間を交互に設定したこと，生徒が1時間目に記述したワークシートから2時間目の授業を構想したこと，SCによる体験的なプログラムをとり入れ，そこでの体験から感じたことをメタ化するようにしたこと等が挙げられる。

（2）養護教諭とSCが道徳の授業に関わる意義

　道徳の教科化を前に，学級担任の負担が更に増えるという心配もなされるところだが，本校では，そこに養護教諭やSCが関わることの可能性を模索している。授業を行うのは担任であっても，道徳の授業の題材や話題を提供したり，生徒一人一人が表現したものを解釈（評価）したりしていく際に関わるメリットは大きいのではないかと考える。

　特に「自分自身に関すること」を指導する場合，そこに働く生徒個々の思考には，各自の内面に抱える問題が大きく影響している場合がある。「自分をよりよくしたい」という気持ちは生徒誰もが持っている。しかし，そのような思いを育てるだけでなく，個々の生徒に応じた具体的な手立てを見いだしていけるような道徳の授業を目指すのなら，養護教諭やSCの持つ知見を活かすことには大きな効果があると考える。

　本校の生徒を見ても，生徒たちを取り巻く状況は，家庭環境を含め非常に複雑になっている。このような状況で生活し発達する生徒たちに対し，道徳の授業という形で，生徒に寄り添い（**図1**）「先生も共にみんなのよりよい生き方を応援したい，そのためのヒントもたくさんある」というメッセージを示すことは，普段から保健室や相談室を利用しない多くの生徒にも，その存在を周知する機会となる。こうした活動を通して，今まで保健室や相談室を利用しなかった生徒が相談してみようと思うきっかけにつながり，授業以外の昼休みや放課後等の時間での利用を検討する糸口になることを期待する。

図1　生徒に寄り添うSC

（3）授業の概要

単元名「こころの授業Ⅱ」（2年生）：2時間扱い
～自分をしり（自分を客観的に捉え）他者と共によりよく生きるための考え方を探ろう～

①単元構成
　　ア　　事前　：各クラスで学級担任の指導のもとKJQ調査を行う。
　　イ　1時間目：養護教諭による授業「昨年度からの心の変化の振り返り」

ウ　2時間目：養護教諭とSCによる授業
　　　　　「対人関係を振り返り，今後への見通しをもつ」
※KJQ調査（精神的充足・社会的適応力評価尺度）とは？
　心の土台となる心のエネルギー状態（元気や意欲の言動力になるもの：安心感・楽しい経験・認められる体験）や社会生活の技術（自分の気持ちを伝える技術・自分の気持ちをコントロールする技術・状況を正しく判断する技術・問題を解決する技術・人とうまくやっていく技術・人を思いやる技術）を見る20分程度の質問紙による調査法。

②授業の実際と今後の課題
　ア　　KJQ調査の実施に際して，点数にこだわる姿がみられたため，人との比較ではなく，自分のありのままを受けとめることが大事であることを確認した。これらは昨年度と同様の反応であり，表面的な数字や周囲との比較に捉われない自己分析・認識の難しさが改めて明らかになった。

　イ　　1年次の「こころの授業Ⅰ」後に保管していた生徒のワークシートを用いて，昨年度の振り返りから導入した。しかし，昨年取り組んだ内容を覚えていない生徒も多く，忙しく日常を過ごしている生徒が，自分というものを意識して過ごす困難さが示唆され，1年に一度とはいえ，自分自身を振り返ったり，静かに見つめたりする場を持つことの意義を確認した（図2）。

図2　自己の振り返りをする生徒

　ウ　　マインドフルな呼吸のワークを授業の始めに行うことで，昨年度からのつながりを意識させた。また「対人関係で困った場面」での振り返りに際しても，知的な理解に終わらないよう，感情や心の動きに着目して取り組むためのウォーミングアップの効果を目指した。多くの生徒に自分の感情を言語化する力が育っていると感じる一方で，自分の感情を振り返る時点で躓く生徒もいた。生徒に寄り添って声掛けし，交流する中で気付きが生まれる場面もあり，個々に関わる意義を感じた。また，言語化が優れている反面，実体験との断絶が懸念される生徒もいる。いかにこのような思考を日常生活に応用し，根付かせていくかは今後の課題である。
　　　　授業の最後に自分の対人関係の傾向を振り返り，自分を変化させたいことを記述した（図3）。以下の記述は，自分の対人関係におけるクセやパターンを見直し，自己を変化させるための課題を明確にしていると解釈したものである。

　　この対人関係の例の一つで出した出来事も含めて、強く言われたりまわりの雰囲気がつくられていると、そのことが良くないとだとしても流されてしまう。意志はあっても弱かったり自分から伝えようとしないところが欠点だと思う。流されてしまって良くないことを言ったりした後になって後悔することも多いので、言い方等に気を付けながら相手に自分の気持ちを伝えることができるようになることが自分の中で今一番大事なことではないかと見直すことが出来た。

　　　　　　　　　　　　図3　生徒の振り返りの記述

		主たる学習活動	指導上の留意点・言語活動の質を高める工夫
1時間目		知っている自分と今まで知らなかった自分を知り，人との関わりの中で自分をより良く変化させる考え方を探ろう。	・1年前の道徳（エゴグラム：自分をしる）の時間に記入したワークシートを見直す。変化を心掛けた点・意識した点・実際に変化したと思う点・変化が実感できていない点を整理する。
		・この1年で自分自身が成長したところや変化出来なかったことを振り返り，ワークシートに記入する。 ・KJQ調査から自分の心のエネルギー状態（元気や意欲の原動力となるもの）や社会生活への技術の結果をワークブックで確認し記入する。 ・KJQ調査の結果を見て自分の認識と同じであったこと，違っていたことを整理し感想をワークシートに記入する。 ・グループワークをする。 　自分の認識とKJQ調査の結果にズレがあった点を発表しあい，発表に対する感想・意見を述べあう。 ・グループワークで気付いたことやこれから自分を変化させたいこと，取り組みたいことを考え各自ワークシートに記入する。 ・次回の授業内容と宿題の確認 　宿題：対人関係で困ったことを振り返り，状況を書いてくる。（ワークシート）	・自分を変化させるためには，思い以外にも心のエネルギーや技術が必要になることを説明する。 ・KJQ調査は，自分の心や社会生活での技術を客観的に見る指標となるものであることを確認する。結果で大事なことは点数だけにとらわれず，自分の状態を知り受けとめることを確認する。 ・心のデリケートな部分であるため，発表した人が落ち込むことのないように言葉の受けとめ方や意見の言い方等に配慮するよう促す。（話しやすい雰囲気づくりを心掛けるように。4人グループ） ・これから変化させたい点を具体的に表現できるような指示をする。（行動に移していけそうなこと。） ・自分の思考や行動やまわりの状況や背景も思い出し詳しく書くように指示する。
2時間目		・前時の振り返り。これまでの学びのつながりを確認する。（心のエネルギー・社会生活の技術） 自分の困った場面を題材にコミュニケーションのコツを練習しよう。	・前時の振り返りを養護教諭が行った後，スクールカウンセラー（以下SC）を紹介し，その後はSCが中心に授業を展開する。 ・自分の感情と丁寧に向き合う感覚を思い出させる。
		・昨年度に体験したマインドフルネスの状態を思い出す。 　→複式呼吸で気持ちを整える。 ・対人関係を良くするための3本の柱の話を聞く。 　○把握する：自分・周りの人　　○伝える技術 　○自分の希望を整理する：3本柱 　　目的達成・・・相手に○○してほしい 　　相手との関係・相手に○○と思われたい 　　　　　　　・相手と○○な関係でいたい 　　自尊心・・・自分の価値観,信念を大事にしたい ・あらかじめメモしてきた困った対人場面の悩みを3本柱を用いて振り返り，ワークシートに記入する。 ・数人の生徒が困った対人関係の悩みの分析を通して気付いたことを発表する。 ・普段の自分のコミュニケーションを見直し，クセやパターンを考え，どういうことに気を付けたらいいかワークシートに記入する。	・目をつぶり体の力を抜かせリラックスさせる。 ・対人関係がうまくいかない要因も考えるように。 　○自分や相手の気持ち・考えがわからない 　○自分の気持ち・考えがわからない 　○自分と相手の気持ち・考えにズレがある 　○相手が聞いてくれない ・困った対人関係の場面の感情を丁寧に思い出すように指示する。 ・SCと養護教諭が個別に対話的に関わり，自分の思いを言語化できるように援助する。 ・今回の道徳学習を振り返り，自分を変化させたいことや取り組みたいことを書くように指示する。

「プロセス重視の学習指導案」の考え方
～平成 28 年度「プロセス重視の学習指導案」の見方～

　本校では 10 年以上前から「プロセス重視の学習指導案」を用いて授業研究を行っている。研究発表会などの公開授業で用いるのは，本書籍p.27 － 30 のような 4 ページを冊子形式にしたもので，中の見開き 2 ページ（本書籍ではp.28 － 29）に資質・能力の育成のプロセスが見渡せるようになっているのが特徴である。（本書籍の第 2 部「各教科の実践」では，紙面の都合上，「プロセス重視の学習指導案」の 1 ページ目と 4 ページ目の内容については各教科の実践例の前半部分に簡略化してまとめた。）

　この指導案は，各年度の研究主題に合わせて若干の形式の見直しは重ねてきたものの，学力は 1 時間単位で育成されるものではなく，単元全体を通して育成されるという一貫した理念のもとに用いてきた。本研究でも明らかになったように，資質・能力の育成のためは，学習プロセス全体の中での現在の学習の位置付けが重要になる。「プロセス重視の学習指導案」の利点はここにある。

　この指導案は，限定した 1 時間（いわゆる公開授業の「本時」）の流れが分かりにくいという批判をよく受ける。より詳細な本時案を別刷りして配布することもあったが，「成果と今後への課題」でも述べたように，資質・能力の育成を意識した授業においては，教員があらかじめ作ったシナリオ通りに生徒を動かすことにはあまり意味がない。より本質的な課題に取り組むほど，どんなに細かく学習活動を計画しても，生徒は教員の予想外の動きや発言をするだろう。むしろそのズレやハプニングにこそ学びや授業の楽しみがあると考えるべきで，その瞬間に私たち教員がどう向き合うかが今後の授業研究の視点となっていくのではないだろうか。とするならば，指導案自体も様々な状況に対応できるよう，細かくしすぎないことも大切になる。

　それは無計画で授業に臨むこととは違う。まずは授業のねらいや生徒の学ぶ姿を解釈する視点（「観点」）を明確にすることが必要だ。見開きの「資質・能力育成のプロセス」を書くに当たっては，まず「評価規準」を明確にしてから，「評価方法」→「主たる学習活動」→「指導上の留意点」と左（2 ページ目）から右（3 ページ目）へと記入していくのが正しい手順である。

　生徒たちのアクティブな学びの姿を毎時間すべての観点で見取ることは不可能である。2 ～ 3 時間を通して，1 つの観点で学びを解釈する場合もあるだろう。単元全体を通してねらいが達成されればよいと割り切り，この時間では何を押さえることが最も重要になるかを単元の全体像から逆算する発想も重要になる。

　以下，今年度の「プロセス重視の学習指導案」の見方について，注釈を添えながら説明する。

国語科　学習指導案

横浜国立大学教育人間科学部附属横浜中学校　髙橋　あずみ

1　対象・日時　　2年A組　平成28年11月1日（火）　3校時

2　本単元で育成したい国語科の資質・能力

> 『審議のまとめ』に示された各教科の見方・考え方を踏まえ，育成を目指す資質・能力を単元（題材）の内容に即してまとめます。p. 4の最上段と呼応します。

　　読み手を意識して書いたり，他者の作品と読み比べたりしながら，自分（自分たち）の考えを客観的に捉え直す力

3　単元の評価規準

> 本単元（題材）で，とくにターゲットとなる指導事項について『参考資料』に基づいて評価規準を記載します。

（※平成23年11月『評価規準の作成，評価方法等の工夫改善のため参考資料』に基づいて作成）

国語への関心・意欲・態度	書く能力	言語についての知識・理解・技能
①テーマに即した文集を作るために，文集の構成や文章の形態について考えて書こうとしている。	②テーマに即した文集を作るために，ふさわしい文集の構成や，自分の課題に合った文章の形態を考えて書いている。（3年・ア）	③相手や目的に応じて，文章の形態や展開に違いがあることを理解している。イー（オ）

4　単元「農村体験文集編集委員会」について

　　本校では，大きな校外行事後に業者発注の文集を作成することが伝統となっている。その文集は，国語科の授業で作成することもあれば，学級活動で作成し国語科が関わらないこともある。文集の作成方針は各学年担当教師の話し合いで決まるが，今年度の農村体験学習（長野県にて10月実施，2泊3日）後の文集作成指導については国語科に任されることになった。

　　国語科としてこれまでの文集指導を振り返ると，文集の「編集」というより，各生徒の「文章の書き方」指導が中心だった。それを作る目的は本校の伝統ということで問い直されることもなく，教師が決めた「書くこと」の指導事項に従って，選材→記述→推敲と指導を進め，原稿が書きあがると，それを名簿順に並べて印刷業者に提出していた。

　　本単元では今まで「作ること」が目的化されがちだった文集作りという学習活動を，読み手への願いを具体的に想定させることで生徒の主体的な学びへと変容させることをねらう。各クラスで文集の作成目的から検討して編集方針を決め，それにふさわしい文章形態を選択して書く力を身に付けさせたい。さらに項目立てて編集する活動を通して，自分たちの農業体験での学びを客観的に捉えられるような指導を目指したい。学習は農村体験に行く前と後に分けて行うことで，自分たちの認識がどう変化していくかに注目させたい。

> 教科の本質や生徒にとっての学びの必然性を意識しつつ，本単元の意義を説明します。

5　生徒の学びの履歴と教師の願い

　　2年次までの「書くこと」の指導事項はこれまでに一通り習得しているため，本単元はその機能的習熟の機会とするとともに，3年の指導事項アを意識した指導を展開する。本単元では，自分たちの文集を「編集」する活動を通して「書くこと」への認識を深めたい。

　　「編集」は小学校5・6年生でも指導されているので，小学校での編集体験を振り返りつつ，初めに読み手と作成目的をできるだけ具体的に想定することを指導する。その後，1年次に作成したスキー教室の文集や過去の卒業生が残した文集を分析する中で，目的にふさわしい文章形態を選択し，クラスで決めた項目立てを意識して推敲しながら，意図的に書く体験へとつなげる。

　　1年次に取り組んだ「言葉ノート抄」を作成する学習と同様に，各自の書きたい内容にはできるだけ制限をかけず，それを「私たちの文集」として編集することで立ち上がる「私たちにとっての農村体験の意味」に気付かせたい。編集活動が読み手のためだけではなく，自分たちのためでもあったと実感できるような指導を目指す。

＜指導案　p. 1＞

6 資質・能力育成のプロセス（11時間扱い，本時 ☐ は8時間目）

次	時	評価規準 ※（ ）内はAの状況を実現していると判断する際のキーワードや具体的な姿の例 （①から③は，3の評価規準の番号）	【 】内は評価方法 及び Cの生徒への手だて
1	1 － 2	関① テーマに即した文集を作るために，文集の構成や文章の形態を考えて書くことに意欲を持つ。（○） 評価の観点と丸番号は，p．1の3「単元の評価規準」に対応しています。なお本書籍の第2部「各教科の実践」では，丸番号は省略しています。	【発言の確認，ワークシートの記述の確認】 C：文集作りが「情報発信」であることを確認し，自分だったらどんな情報を発信してみたいか，仲間と情報をどのように共有してみたいかを自分の言葉で説明させる。
	3 － 4	知③ 相手や目的に応じて，文章の形態や展開に違いがあることを理解している。（○） 書② テーマに即した文集を作るために，ふさわしい文集の項目立てや文章形態を提案している。（○）	【ワークシートの記述の確認・発言の確認】 C：それぞれの文章形態のメリット，デメリットを挙げさせる。 C：これまで自分たちが作ってきた文集と情報発信としての文集の違いを意識させ，そのためにどんな工夫が考えられるかを問う。
2	5 － 7	書② テーマに即した文集を作るために，自分の課題に合った文章の形態を選択し，内容を工夫して書いている。（○） 評価の過負担を避けるためにも，指導に生かすための評価（○）と記録するための評価（◎）に整理します。指導に生かす評価（○）は全員のB達成を主な目的とするため，Aの状況は想定しません。	【ワークシートの点検・発言の確認】 C：各文章形態の特徴を確認させる。内容に対するその形態の必然性を問う。
	8 － 10	書② テーマに即して，ふさわしい文集の項目立てを提案し，自分の課題に合った文章の形態を選択して書いている。（◎） （A：相手像と編集目的への強い意識，意図的な文章形態の選択，文章形態に合う記述の工夫，自分の担当する項目を意識した推敲）	【作品の分析】 C：各文章形態の特徴を確認させる。内容に対するその形態の必然性を考えさせる。 【ワークシート，「MY原稿企画書」の記述の分析】 C：担当する項目と自分の書きたい内容を整合させる手立てを個別にアドバイスする。
3	11	関① テーマに即した文集を作るために，文集の構成や自分の課題に合った文章の形態を考えて書こうとしている。（◎） （A：意図的な工夫，過去の習得知識や学習経験とのつながり，「書くこと」への認識の深まり）	【ワークシートの記述の分析】 C：「編集活動」の楽しさと苦労を考えさせ，特に苦労とどのように向き合ったかを考えさせる。 個人の文章を寄せ集めた文集や思い出中心の文集と今回の文集の違いを考えさせる。

<指導案－p．2>

○は主に「指導に生かすための評価」，◎は主に「記録するための評価」

主たる学習活動	指導上の留意点・言語活動の質を高める工夫 （★：学びの自覚を促す工夫）	時
〜農村体験前〜 • 単元「『事実』のあるところ」（教材『小さな町のラジオ発』） 　〔吹き出し：本単元の中心となる課題や単元を貫く問題意識を□で囲んで提示します。〕 • 本単元の課題を提示する。 　【課題】自分たちで編集した文集（メディア）で，農村体験での学びを発信しよう。 • メディアとして文集を編集する際に考えるべき要素を確認する。 • これまでに自分たちが作成に関わった文集を読み，その印象について話し合う。 • どのような農村体験文集を作りたいかについて，編集の要素を視点に今の各自の考えをワークシートにまとめる。	★以前の単元の振り返りレポートから，メディアの特徴を生かした情報の分析について学んだことを確認する。メディアには「編集の意図」があることを確認する。 　〔吹き出し：今年度の研究主題を意識し，言語活動の質を高める工夫の中でも特に「学びの自覚」につなげるための指導の工夫には，★をつけました。〕 　〔…（背後の）…「相手意識」「文章形態」「項目立て」…を指導する。〕 • 小学校の卒業文集や1年次に作成したスキー教室文集を題材とする。その多くが自分たちの思い出のためであったことを確認する。 ★各時間に考えたことを記録していくための1枚仕立てのワークシートを配布する。	1 ─ 2
• 【編集会議1】農村体験文集の作成目的と期待する読み手の反応について話し合う。 • 先輩の農村体験文集をグループで読み合い，その印象と文集の構成や文章形態との関係を分析する。 • 今の時点で作ってみたい文集について「文章形態」や「項目立て」を視点として見通しをワークシートにまとめる。	• 前時のワークシートの記述から主な意見をまとめた会議資料を配布する。思い出文集を超えるために「読み手」は体験を共有しなかった者とする。できるだけ様々な可能性を交流させた後に，最終的に学年として一つにしぼる。 • 会議の司会は国語係の生徒に任せ，既習の話し合いの仕方の機能的習熟を目指す。 ★話し合いを踏まえて，現時点での考えを整理させる。→農村体験後に変更してもよいものとする。	3 ─ 4
〜農村体験後〜 • これまでの活動を振り返り，今後の編集活動の進め方を全体で確認する。 • 【編集会議2】文集の作成目的と読み手の期待をふまえ，ふさわしい文章形態について話し合う。 • 「MY原稿企画書」（構想）を各自で作成する。 • 企画書を全体で回し読みし，クラスにふさわしい「項目立て（案）」をワークシートに各自提案する。	★生徒の言葉で今後の活動の見通しを説明させる。 • 前時のワークシートの記述から主な意見をまとめた会議資料を配布する。「文章形態」と「項目立て」はクラス単位で方針を決定させる。 ★企画書作成中は机間指導を行い，各自の体験を抽象化し，テーマとなるような社会的な視点が見出せるように個別に助言する。	5 ─ 7
• 【編集会議3】文集の項目立てを決定する。 • 各自の企画がどの項目に位置付くかを確認した上で，企画書を手直しする。 • 原稿を下書きし，推敲する。 • 自分の文章で工夫した点をワークシートにまとめる。	• 前時のワークシートの記述から主な意見をまとめた会議資料を配布し，話し合いの視点（項目を立てる際に検討すべきこと）を示す。 ★「書くこと」の既習事項を確認する。必要に応じて個別指導する。	8 ─ 10
• 原稿の清書をする。（不足時間は学級活動を利用） • 単元を振り返る。テーマ：「メディアとしての農村体験文集を編集して気付いたこと。」	★単元のワークシート全体を俯瞰し，これまでの学びで苦労したところに特に注目させる。 ★文集が完成したら，設定した読み手に読んでもらう活動を行うことを予告する。	11

<指導案−p.3>

7 学びの自覚への授業デザイン

p.1の2「本単元（題材）で育成したい各教科の資質・能力」を，生徒の実態や学習課題に即して，生徒の学ぶ姿でイメージします。本単元ではこの姿の実現を目指して授業を展開します。

【本単元で実現したい・自覚させたい学ぶ姿】

「農村体験文集」の編集活動を通して，読み手を意識して書いたり，他者の作品と読み比べたりしながら自分（自分たち）の考えを客観的にとらえ，自分（自分たち）にとっての農村体験の意味に迫る姿。

【学びの実現への指導の工夫】

上記の「学ぶ姿」を実現するための指導の工夫です。本書籍理論編に整理した指導の工夫（pp.12 − 13）の中から，教科の特質や学習課題に合うものを選び，具体的に説明しています。

(1) 自分たちの日常の「当たり前」を問い直すこと

　学びの実感は，これまでの当たり前が少し変化することって大きな行事後に文集を作ることは当たり前である。いか」問うことからスタートする。【編集会議1】農村体験文集の読み手の想定に当たっては，体験を共有しなかった者という枠はあるものの，できるだけ多様な考えを認め，思考を広げさせることを心掛けたい。

(2) これまでの学びとの連続性を意識できる単元構成

　1学期末に，様々なメディアの特徴を知り，それらが発信する情報を用いて事実を分析する学習を行った。本単元はその振り返りから始めることで，メディアの一つとしての「文集」を意識させ，学びに連続性をもたせようとした。

　また，本単元では1年次から行っている「言葉ノート」の取組との連続性も意識している。「言葉ノート」は各自の個人的な考えで書かれるものであるが，それを交流することで，そこに仲間と共通するものの見方や考え方を見出せることは昨年度も体験している。本単元では「項目立て」を通して，特に「書くこと」の2・3年生の指導事項に関わる「社会生活につながる視点」がもてるような指導を目指す。個人的な体験を社会的な視点で客観的に見つめ直すことは，自分（自分たち）の体験そのものの意味を問うことにもつながる。書いたものの交流によって自分の考えを見つめ直せるという気付きは，国語科の資質・能力にも深く関わり，単元を変えても繰り返し体験させたい。

(3) 自分の考えの深まりを記録し，学びの経過を見渡せるワークシートの工夫

　これまでの学びを俯瞰できるような1枚仕立てのワークシートを工夫する。単元が始まった頃の自分の考えを記録し，次第に変化していく自分の考えと比較させること，特にその変化のきっかけとなったことを分析することは「学びの自覚」と深く関わる。日々の授業で，考えが変化・深化していくことに学びの価値があることを折に触れて生徒たちと共有することを心掛けたい。

(4) 前時の生徒のワークシートの記述をもとに作成する学習資料の工夫

　本単元では，全部で3回の「編集会議」をクラス単位で行う。その際教師が用意する会議資料は，前時の生徒のワークシートの記述をもとに作成し，それを会議の視点とできるように工夫する。それにより，自分たちの気付きが次の学びを作っていくという実感につなげたい。

【本単元での学びを支える指導事項】　（◎は特に身に付けたい力，・は機能的習熟を目指す事項）

◎文集のテーマを意識しながら，自分〇課題に合った文章の形態を選択して書く。（書く3年ア）

◎相手や目的に応じて，文章の形態や展〇違いがあることを理解している。（伝国イー（オ））

・自分の立場及び伝えたい事実や事柄を明〇〇て，文章の構成を工夫する。（書くイ）

・事実や事柄，意見や心情が伝わるように〇〇〇事例を加えたり，描写を工夫したりして書く。（書くウ）

ここには本単元の課題解決に必要となると考えられる指導事項を，既習事項を含めて整理します。「学びを支える」意味で授業デザインの最下段にまとめました。特に身に付けたい力（◎）はp.1の3「単元の評価規準」と呼応し，既習事項等，本単元を通して機能的習熟（『附属横浜中』（2016）p.14）を目指すものには（・）を付けます。

・書いた文章を読み返し，語句や文の使〇〇〇〇〇〇やすい文章にする。（書くエ）

・文章の構成や展開，表現の仕方につい〇〇

・相手の立場や考えを尊重し，目的に沿〇〇（話す聞くオ）

<指導案−p.4>

【参考文献】

・日本国語教育学会編（2016）『月刊国語教育研究No532　特集　文集を育て文集から学ぶ』, pp.2-3

第 2 部

各教科の
実践

国語科
社会科
数学科
理　科
音楽科
美術科
保健体育科
技術・家庭科
英語科

第2部｜各教科の実践　国語科

実践例①〜③

1　国語科で育成する資質・能力と実現したい生徒の学ぶ姿

『審議のまとめ』には，国語科における見方・考え方について次のような記述がある。

- 国語科は，様々な事物，経験，思い，考え等をどのように言葉で理解し，どのように言葉で表現するか，という言葉を通じた理解や表現及びそこで用いられる言葉そのものを学習対象とするという特質を有している。
- 自分の思いや考えを深めるため，対象と言葉，言葉と言葉の関係を，言葉の意味，働き，使い方等に着目して捉え，その関係性を問い直して意味付けることを，「言葉による見方・考え方」とする。

これを，どのように生徒たちの学ぶ姿につなげるかが重要となる。

府川源一郎は，国語教育の目的は「自分のことばでものをいい，自分のことばでものを書くことができる，主体的で民主的な人間の育成である」という。このように「自分のことば」という時，コミュニケーションの道具としての「言葉」の指導だけでは不十分であろう。人はことばを通して世界を経験している。ことばは単なる道具ではなく，人間と世界を結ぶもの。ことばの学習は自己確立と自己表現のために，またものの見方をより豊かにさせるために行われるものでなければならない。

状況の中から生み出された実感のあることばの体験を通して，生徒たちのことばの世界を一歩一歩拡充させていく。そうした授業を積み重ねていくことで，ことばへの認識を深め，ことばを自覚的に捉えながら使っていけることを本校では国語科で育成する資質・能力と考える。今年度は，例えば次のような生徒の学ぶ姿を目指して授業を実践してきた。

- ことばによって自分の考えを整理したり，深めたりしていく姿
- ことばによって他者と対話し，新たな考えを創造していく姿
- ことばによってものの見方をより豊かにしていく姿
- ことばを自覚的に使い，よりふさわしい表現を探求する姿

2　学びの自覚につなげるための指導の工夫

(1) 年間を通して「ことば」への認識の深まりを意識した授業を構想していくこと

本校では昨年度から「言葉の様々な側面へのこだわり」を軸に授業を展開したいと考え，生徒たちがその時々に心に刻まれた言葉を記録する「言葉ノート」に取り組んでいる。「言葉ノート」は定期的に交流したり，振り返ったりすることで生徒一人一人のことばとその背景に対する感覚を育むためのツールとなる。教師も生徒の「言葉ノート」と対話しながら，彼らのことばの実態を捉え，次の単元構想に生かすことを心がけている。

(2) 学びのつながりを意識した授業を構想していくこと

国語科では，生徒たちの言語生活を豊かにしていくためのことばの力を保障しなければ

ならない。そのため，生徒たちにとってできるだけ身近で必然性を感じられる課題を設定し，体験的な活動を通して気付いたことを言語化する指導を重視している。それによって，日常生活と授業での学びのつながりを意識させることを心がけている。

　さらに，各単元で学んだことをつなげていくことも必要である。昨年度の研究で習得・活用・探求は往還関係にあるということが明らかになっている。身に付けた知識や技能を生徒たちが必然性を感じている文脈の中で使うことの効果は大きい。また，過去の単元で学んだことばに対する見方・考え方を，単元をこえて反復，深化させていくことも学びの自覚のためには欠かせないと考える。

3　生徒の学びをどう解釈するか

　本校の授業では体験的な活動を多く取り入れているため，そこに教師がどのように関わるかは重要になる。活動中の生徒の表情をよく見ながら，良いつぶやきを捉えてそれを全体化したり，つまずいている生徒にアドバイスしたりする。また，鹿毛雅治が教育評価を「日常の実践を通して把握する多様な情報の意味について，教師が主体となって理解し，次の実践を創造する思考」と説明するように，生徒のワークシートに書かれた課題意識や疑問等をもとに，その後の授業展開を練り直すことも重要であると考えている。

　単元が終わると生徒たちはこれまでの学びを振り返ってレポートを書く。それによって単元の学びを俯瞰し，気付きを言語化することを通して自らの成長や学びの価値を捉え直す。今年度特に心がけたことは，レポートを書くことをゴールとしないということである。互いのレポートを紹介したり，そこに教師がコメントを添えたりすることで，生徒たちは新たな学びの視点を獲得し，自分の学びの価値付け方を学ぶ。書き直したい，書き加えたいという思いがあればそれを推奨するようにした。

4　これからの実践に向けて

　体験的な活動を通して表出された生徒たちのことばや気付きを大切にし，多様な考えを認め，励ます。それよって生徒たちの思考を広げることはかなりできてきた。今後は出された意見や考えの背後に働く思考を吟味する活動を通して，思考をより深めていくことが求められる。その際，教師がどこまで介入するかという点においては，課題が残る。

　また，情報機器の普及等に伴って生徒たちをとりまくことばの世界が大きく変わってきていると感じる。「話すこと」「書くこと」といった指導事項では割り切れない，あいまいで常に変化していく「ことば」の世界への意識を問い直すような単元を構想していくことも，今後必要になってくると考えている。

●参考・引用文献
1）府川源一郎(2009)「私たちのことばをつくり出す国語教育」，東洋館出版社
2）鹿毛雅治(2007)「子どもの姿に学ぶ教師　『学ぶ意欲』と『教育的瞬間』」，教育出版

国語科　実践例①

1　単元で育成したい国語科の資質・能力

「話すこと」と「書くこと」の違いを自覚し，相手や目的，場面に応じてよりふさわしい伝え方を選べる力

2　単元について

本単元「体験作文をもとに語る　〜人工音声による読み上げと比較して〜」は，Ⅰ期に書いた体験作文の内容を再構成し，様々な場面を想定しながら語る活動を通して「書くこと」と「話すこと」の違いを理解し，伝えたいことをわかりやすく伝える力を養うことを目的とした単元である。その過程で，Wordの音声合成読み上げ機能（以下，「読み上げ」機能）を使って機械による「読み上げ」を聞かせ，人が話すこととの違いについても考えさせる。伝えるときに大切なことや，「書くこと」と「話すこと」それぞれの良さを明らかにし，自分たちの伝え方をより自覚的に捉える力を身に付けさせたい。

3　単元の学びを支える指導事項（◎特に身に付けたい力，・機能的習熟を目指す事項）

◎相手に分かりやすい語句の選択，相手や場に応じた言葉遣いなどについての知識を生かして話すこと。（話・聞ウ）

◎話し言葉と書き言葉の違いなどについて理解すること。（伝国２年イ　（ア））

・全体と部分，事実と意見との関係に注意して話を構成し，相手の反応を踏まえながら話すこと。（話・聞イ）

4　学びの実現と自覚への指導の工夫
（1）学びの連続性を意識できる課題設定

Ⅰ期に書いた体験作文を出発点として，そこに書かれたことを話し言葉で捉えなおし友人に語る。そして友人に語ったことを元にして，保護者会でスピーチをする設定で原稿を作成する。このように「書くこと」と「話すこと」を往還しながら，その共通点と相違点を見いだすことによって，「話すこと」で大切なことは何かが明確になり，同時に「書くこと」に対する学びも深められていくのではないかと考えた。

（2）ICTの利活用

スピーチ原稿を作成する際には，「読み上げ」機能を使い，作成した原稿を読み上げさせる。機械による「読み上げ」と，人が話すスピーチとを比較させることによって「話すこと」で大切なことは何か考えさせるよう促す。

（3）実生活とのつながりを意識した問い

単元の出口としては，「学芸祭の振り返りは書く形で行うべきか，話し合う形で行うべきか」という課題を設定した。「書くこと」と「話すこと」の違いやそれぞれのメリット・デメリットを具体的に考えさせたい。また，学んだことを日常生活の一場面に落とし込んで考えさせることで，学んだことがこれからの生活でも活きていくという自覚を持たせたいと考えた。

5　授業の実際
（1）現状把握とゴールの設定

導入に当たって，まず生徒たちに「書くこと」と「話すこと」との違いは何かと問いかけたところ，「書くこと」と「話すこと」との形式的な違いは小学校段階において既に理解できているものと捉えられた。そこで，本

単元では，なぜ話す時のほうが気持ちを伝えやすいと感じるのかを考えさせることで「話すこと」への認識を深め，整理していくことを単元のゴールとして設定した。生徒たちがいかなる状態なのか，そこからどのような方向性で授業を展開していったらよいかを教師が把握することが，学びの自覚を促す授業においては重要であるように思う。

図1　「読み上げ」を聞く

(2) 音声合成読み上げ機能の有用性

　「話すこと」で大切なことは何かを考えさせるために，Wordの「読み上げ」機能を活用した。こちらが考えていた以上に生徒たちは興味関心を示した。また，「人が話す」とはどういう行為なのかを考えさせる上で大変有効なツールとなった。「読み上げ」機能による人工音声を聞かせると，生徒は口々に「変だ」「気持ち悪い」と述べる。何故変だと感じるのか，気持ち悪いと感じるのかといった問いを手がかりに，人工音声が読み上げたときと人が話すときとの違いについて話し合った。人工音声による「読み上げ」は「棒読み」であり，「気持ちがこもっていない」「冷たい」「強弱の変化がない」「イントネーションがない」「相手を見ず，一方的にただ話しているだけ（人が話すときはその逆）」といった意見が出された。

　「読み上げ」との比較をすることで，話す際に「伝えたい」という気持ちを持つこと，相手がそれをどのように受け止めているか考えながら相手意識を持って伝えることの大切さに気付かせることが出来たように思う。

(3) 比較による思考の深化

　スピーチ原稿を「書く」という行為は，「話すこと」と「書くこと」のはざまに位置する活動だと考えられる。その原稿を「書く」という行為を通して，「話すこと」と「書くこと」の違いも考えさせることができた。それによって，対話性や即興性といった「話すこ

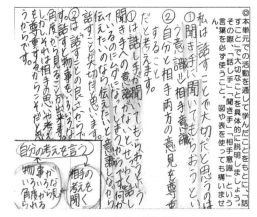

図2　生徒の振り返り

と」ならではの良さや「話すこと」で大切なことは何かといったことが生徒たちの言葉で整理されてきた。その一方で，自分の思考を整理したりじっくり深めていったりするときには「書くこと」のほうが適しているということにも気付くことができた。

　生徒の振り返りレポートを見ると「話すこと」で大切なこととは何かを客観的に捉えなおしている記述も多く見られた。また，実生活の中で相手に自分の考えを伝える際，「話すこと」と「書くこと」のどちらを選択したらよいか，理由も併せて明確に書けている生徒も多くみられた。

●参考文献

1）髙木まさき（2001）『「他者」を発見する国語の授業』，大修館書店

（福井　雅洋）

[資料]　資質・能力育成のプロセス（6時間扱い）

次	時	評価規準 ※（　）内はAの状況を実現していると判断する際のキーワードや具体的な姿の例		【　】内は評価方法 及び Cの生徒への手だて
1	1	話	伝えたいことをわかりやすく話すために，話をどのように組み立てたらよいか考えている。（○）	【ワークシートの記述の確認】 C：話し合いで出された意見をもとに，体験談として再構成するために必要なことを再度確認する。
2	2 ｜ 4	話	伝えたいことをわかりやすく話すために，相手の反応を踏まえながら話している。（○）	【発言の観察】 C：「体験作文」を参照させ，「体験の概要」「体験の詳細と自己の変容」「体験の価値」をそれぞれ箇条書きで書き出せる。
		言	目的や場面に応じ，話し言葉と書き言葉との違いなどについて注意して原稿を作成している。（◎） （A：構成や語句の選択を考えた原稿を作成している。）	【ワークシートの記述の分析】 C：小グループでの体験談の内容を振り返り，どのような構成で話したか。どのような言葉遣いに変わったかを確認する。
	5	関	学んだことを踏まえながら理由を考えることを通して，「書くこと」と「話すこと」の違いを考えようとしている。（○）	【発言の確認】 C：「体験作文」を書いたときに考えていたことと，「体験談」を語るときに考えていたことを思い出させ，その相違点を考えさせる。
3	6	話 関	学んだことを踏まえながら「話すこと」で大切なことは何か，具体的に記述している。（◎） 「書くこと」と「話すこと」との違いやメリット・デメリットを明確にしようとしている。（◎） （A：今までの学びのプロセスを踏まえた記述）	【振り返りレポートの記述の確認】 C：前時で行った振り返りでの，「書くこと」と「話すこと」との相違点を思い出させ，要点を導き出させる。

主たる学習活動	指導上の留意点・言語活動の質を高める工夫 （★：学びの自覚を促す工夫）	時
【導入・見通し】 ・人に話をする時に大切なことは何か，今までの体験をもとに，話し合う。 　【課題】 　・あなたは自分の「体験」を書いて残したいと思いますか。それとも話すことで残したいと思いますか。 ・Ⅰ期に書いた「体験作文」を次のような場面で話をする時にはどんな工夫が必要か考えてみよう。 　①仲の良い友達相手に話す時 　②クラス全体に向けて話す時 　③学年保護者会で話す時 ・①〜③の場面でそれぞれどう違うか，今の時点での自分の考えをワークシートに各自で記入する。	★小学校での学習の中でどのような力をつけてきていたか自覚させ，中学一年生ではどのような力をつけていくべきか（つけていってほしいか）を確認する。 ・現時点で理解できている「書くこと」と「話すこと」との違いを確認する。 ・「体験談」として再構成をすること。Ⅰ期に書いた「体験作文」の「朗読」にならないようにすることを確認する。 ★考えの変容を記録できるワークシートを準備する。	1
【小グループで体験を語る】 ・体験作文の内容をグループ内の友達に語る。 ・グループは仲の良い友達同士とする。 ・書いた時と話した時との相違点を考え，話し合う。 ・友達に語ってみて新たに気付いたことを話し合う。 【スピーチ】 ・小グループで行った体験談をもとに，クラス全員の前でスピーチすると仮定してスピーチメモを作成する。 ・作成したメモをもとにしたスピーチを4人組で行う。 【パブリックスピーチ】 ・代表として学年保護者会でスピーチを行うと仮定して，Wordを使って原稿を作成する。 ・Wordの音声合成読み上げ機能を使って，原稿を読み上げさせ，人工音声による読み上げと人が「話す」こととの違いを考え，話し合う。	・書く時と話す時との意識の違いに気付かせる。 ・小グループでの活動では積極的に聞き手にも語りに対して反応するよう促す。（質問，共感など） ★「話すこと」にも様々な形態があり，それによって話し方や言葉の選び方も変わってくることを意識させる。 ★体験談を語った後とスピーチ原稿を書いた後でそれぞれ振り返りを行う。 ★原稿を書く意味を考えさせることで「書くこと」と「話すこと」の違いに気付かせる。 （「書くこと」と「話すこと」の往還）	2 ｜ 4
【全体での振り返り】 ・「学芸祭の振り返りを書く形で行うか， 　　　　　　　　　話し合う形で行うか」 この単元で学んだことを踏まえながら，理由も併せて考える。	・どちらを選ぶかよりも，選んだ理由を明確にするよう促す。 ★前時の活動の中で学んだことをもとに考えさせるようにする。	5
【振り返りレポート】 テーマ ・本単元での活動を通して学んだことをもとに，「話すこと」で大切なことを具体的に説明しましょう。 ・実生活の中で，「話すこと」で伝えたほうがよいことがらと「書くこと」で伝えたほうがよいことがらを考え，理由も併せて書きましょう。	・前時でおこなった【振り返り】をもとにレポートを書かせるようにする。 ★本単元で使ったワークシートを見返しながらレポートを書かせるようにし，学びが深まるポイントとなったところに着目させる。	6

国語科 実践例②

1 単元で育成したい国語科の資質・能力

　読み手を意識して書いたり，他者の作品と読み比べたりしながら，自分（自分たち）の考えを客観的に捉え直す力

2 単元について

　本校では校外行事後に学年で文集を作成するのが伝統となっている。今年度の２年生の農村体験学習（10月に長野県で実施）後の文集指導は国語科に任された。これまでの指導は文集の作成目的を問うこともなく，教師の決めた「書くこと」の指導事項に従って作文させ，書きあがった原稿は名簿順に並べ業者に印刷を依頼していた。本単元「農村体験文集編集委員会」は，生徒に文集の作成目的や読み手の期待を考えさせることを通して，文集作りを主体的な学びとすることをねらう。

　本単元は既に習得している２年次「書くこと」の指導事項の機能的習熟の機会とすると共に，３年アを意識した指導を行う。目的にふさわしい文章形態を選択し，全員の原稿を項目立てて「私たちの文集」として編集する活動を通して，自分たちの農村体験での学びを客観的に見つめ直す体験へとつなげたい。

3 単元の学びを支える指導事項（◎特に身に付けたい力，・機能的習熟を目指す事項）

◎テーマを意識しながら，課題に合った文章の形態を選択して書く。（書く３年ア）

◎相手や目的に応じて，文章の形態や展開に違いがあることを理解している。（伝国イ—（オ））

・自分の立場や伝えたい事実や事柄を明確にして，文章の構成を工夫する。（書くイ）

・事実や意見や心情が伝わるように，説明や具体例，描写を工夫して書く。（書くウ）

・書いた文章を読み返し，読みやすく分かりやすい文章にする。（書くエ）

・相手の立場や考えを尊重し，目的に沿って話し合い，自分の考えを広げる。（話す聞くオ）

4 学びの実現と自覚への指導の工夫

(1) 学びの連続性を意識できる単元構成

　メディアに関する過去の学習の振り返りから単元を始めることで，その延長に今回の編集活動が位置付き，相手意識のある情報発信に意欲を持たせる。また，１年次からの「言葉ノート」の取組との連続性も意識した。本ノートは個人の考えを書くものだが，その交流を通して仲間と共通する見方や考え方に気付けたり，自分の考えを客観的に見直せたりする。この体験は書くことの資質・能力の育成において重要だと考え，本単元でも個別の体験の交流を通して，それらに共通する社会的な視点を見いだせるような指導を目指す。

(2) 生徒のワークシートの記述をもとに作成する学習資料の工夫

　クラス単位で行う「編集会議」の資料は，前時のワークシートの記述をもとに教師が作成し，会議の視点（＝学びの視点）となるようにする。それにより，自分たちの気付きが次の学びを生む実感につなげる。

(3) 学びの経過を見渡せる１枚仕立てのワークシートの工夫

　学習が進むにつれ変化する自分の考えを記録し，その変化のきっかけを分析することは学びの自覚において重要である。考えの変化・深化に学びの価値があることを折に触れて生徒と共有し，ワークシートの加筆・修正を促す。

5 授業の実際
(1) 単元の導入における「めあて」の設定

「メディア」をキーワードにこれまでの学びとの繋がりを確認したこと，また，過去に自分たちが作成に関わった文集や先輩の残した文集を分析する活動（図1）を行ったことは，学びのスタート地点を共有し，本単元の見通しを持たせるのに有効であった。

編集会議を通して，生徒たちはこれから農村体験に行く後輩に，事前情報として役立つ文集を編集したいという「めあて」を設定し，それを軸に文章形態や項目立てを決定したり、各自の文章を推敲したりしていった。

(2) 生徒主体の活動に教師がどう関わるか

本単元では，編集会議の進行を生徒に任せた（図2）。生徒は話し合いの既習事項を活かしながら会議を進めたが，「項目立て」についての会議（第8時）は難航した。それ以前の会議は，ある程度教師のねらい通りに進行したものの，項目名の決定では「一目で内容がわかること」を重視する意見と「相手の読みたい気持ちを掻き立てるネーミングにこだわること」を重視する意見が最後まで衝突し合うという予想外の展開になった。それは生徒の討議に揺さぶりをかけようと会議資料に多様な視点を示したことに起因するが，結局筆者は両者のバランスの重要性を助言して会議を収束させてしまった。しかしこの状況にこそ，編集における「項目」の役割という本質的な学びがあったと考える。

単元の振り返りでは，このように生徒の意見にズレが生じた場面について特に丁寧に振り返らせ，編集体験から明らかになったことを言語化させた。以下は主体的に学ぶ態度をAと評価した生徒の記述である。

・今回編集をしてみて，その文集にどんな価値をもたせるのか決めることが大切だと感じた。今回は後輩に農村体験の楽しさを伝えるような文章形態や項目を考えた。新聞

図1　様々な文集を検討する

図2　生徒による編集会議

形式はレポートに比べあまり深く書くことはできないけれど，これから体験に行く後輩にとってはその方が想像の余地ができるというメリットもあると思う。クラス全員で文集を編集するのは，人数が多ければ多いほど意見の種類も増えて大変だが，そこから方向性を決めることができたら，様々な視点から自分たちの体験を見つめられると思った。

・自己満足の文集は書きやすいし，後で見て懐かしいとも思える。しかし今回「後輩」という読み手の想定により，「懐かしい」だけでなく自分は農村体験に行って何を学んだかが明確になった。また、項目別に書いたことにより、他人の文章を読むときも視点を持って読める。読み返した時に重みのある文集ができたと思う。

●参考文献

1）日本国語教育学会編（2016）『月刊国語教育研究No532　文集を育て文集から学ぶ』

（髙橋　あずみ）

[資料]　資質・能力育成のプロセス（11時間扱い）

次	時	評価規準 ※（　）内はAの状況を実現していると 判断する際のキーワードや具体的な姿の例		【　】内は評価方法 及び Cの生徒への手だて
1	1 ｜ 2	関	テーマに即した文集を作るために，文集の構成や文章の形態を考えて書くことに意欲を持つ。（○）	【発言の確認，ワークシートの記述の確認】 C：文集作りが「情報発信」であることを確認し，自分だったらどんな情報を発信してみたいか，仲間と情報をどのように共有してみたいかを自分の言葉で説明させる。
	3 ｜ 4	知	相手や目的に応じて，文章の形態や展開に違いがあることを理解している。（○）	【ワークシートの記述の確認・発言の確認】 C：それぞれの文章形態のメリット，デメリットを挙げさせる。
		書	テーマに即した文集を作るために，ふさわしい文集の項目立てや文章形態を提案している。（○）	C：これまで自分たちが作ってきた文集と情報発信としての文集の違いを意識させ，そのためにどんな工夫が考えられるかを問う。
2	5 ｜ 7	書	テーマに即した文集を作るために，自分の課題に合った文章の形態を選択し，内容を工夫して書いている。（○）	【ワークシートの点検・発言の確認】 C：各文章形態の特徴を確認させる。内容に対するその形態の必然性を問う。
	8 ｜ 10	書	テーマに即して，ふさわしい文集の項目立てを提案し，自分の課題に合った文章の形態を選択して書いている。（◎） （A：相手像と編集目的への強い意識，意図的な文章形態の選択，文章形態に合う記述の工夫，自分の担当する項目を意識した推敲）	【作品の分析】 C：各文章形態の特徴を確認させる。内容に対するその形態の必然性を考えさせる。 【ワークシート，「MY原稿企画書」の記述の分析】 C：担当する項目と自分の書きたい内容を整合させる手立てを個別にアドバイスする。
3	11	関	テーマに即した文集を作るために，文集の構成や自分の課題に合った文章の形態を考えて書こうとしている。（◎） （A：意図的な工夫，過去の習得知識や学習経験とのつながり，「書くこと」への認識の深まり）	【ワークシートの記述の分析】 C：「編集活動」の楽しさと苦労を考えさせ，特に苦労とどのように向き合ったかを考えさせる。 個人の文章を寄せ集めた文集や思い出中心の文集と今回の文集の違いを考えさせる。

主たる学習活動	指導上の留意点・言語活動の質を高める工夫 （★：学びの自覚を促す工夫）	時
〜農村体験前〜 • 単元「『事実』のあるところ」（教材『小さな町のラジオ発』）で学んだことを思い出し，教材『メディアと上手に付き合うために』（池上彰）を読む。 • 本単元の課題を提示する。 　【課題】自分たちで編集した文集（メディア）で，農村体験での学びを発信しよう。 • メディアとして文集を編集する際に考えるべき要素を確認する。 • これまでに自分たちが作成に関わった文集を読み，その印象について話し合う。 • どのような農村体験文集を作りたいかについて，編集の要素を視点に今の各自の考えをワークシートにまとめる。	★以前の単元の振り返りレポートから，メディアの特徴を生かした情報分析について学んだことを確認する。メディアには「編集の意図」があることを確認する。 • 1人1ページを担当すること以外は自由に編集方針を考えさせる。編集の要素として「作成目的（相手意識）」「文章形態」「項目立て」を指導する。 • 小学校の卒業文集や1年次に作成したスキー教室文集を題材とする。その多くが自分たちの思い出のためであったことを確認する。 ★各時間に考えたことを記録していくための1枚仕立てのワークシートを配布する。	1 ｜ 2
• 【編集会議1】農村体験文集の作成目的と期待する読み手の反応について話し合う。 • 先輩の農村体験文集を小グループで読み，その印象と文集の構成や文章形態との関係を分析する。 • 今の時点で作ってみたい文集について「文章形態」や「項目立て」を視点として見通しをワークシートにまとめる。	• 前時のワークシートの記述から主な意見をまとめた会議資料を配布する。思い出文集を超えるために「読み手」は体験を共有しなかった者とする。できるだけ様々な可能性を交流させた後に，最終的に学年として一つにしぼる。 • 会議の司会は国語係の生徒に任せ，既習の話し合いの仕方の機能的習熟を目指す。 ★話し合いを踏まえて，現時点での考えを整理させる。→農村体験後に変更してもよいものとする。	3 ｜ 4
〜農村体験後〜 • これまでの活動を振り返り，今後の編集活動の進め方を全体で確認する。 • 【編集会議2】文集の作成目的と読み手の期待をふまえ，ふさわしい文章形態について話し合う。 • 「MY原稿企画書」（構想）を各自で作成する。 • 企画書を全体で回し読みし，クラスにふさわしい「項目立て（案）」をワークシートに各自提案する。	★生徒の言葉で今後の活動の見通しを説明させる。 • 前時のワークシートの記述から主な意見をまとめた会議資料を配布する。「文章形態」と「項目立て」はクラス単位で方針を決定させる。 ★企画書作成中は机間指導を行い，各自の体験を抽象化し，テーマとなるような社会的な視点が見出せるように個別に助言する。	5 ｜ 7
• 【編集会議3】文集の項目立てを決定する。 • 各自の企画がどの項目に位置付くかを確認した上で，企画書を手直しする。 • 原稿を下書きし，推敲する。 • 自分の文章で工夫した点をワークシートにまとめる。	• 前時のワークシートの記述から主な意見をまとめた会議資料を配布し，話し合いの視点（項目を立てる際に検討すべきこと）を示す。 ★「書くこと」の既習事項を確認する。必要に応じて個別指導する。	8 ｜ 10
• 原稿の清書をする。（不足時間は学級活動を利用） • 単元を振り返る。テーマ：「メディアとしての農村体験文集を編集して気付いたこと。」	★単元のワークシート全体を俯瞰し，これまでの学びで苦労したところに特に注目させる。 ★文集が完成したら，設定した読み手に読んでもらう活動を行うことを予告する。	11

国語科 実践例③

1 単元で育成したい国語科の資質・能力

　文字と画像のあるテクストから「読むこと」を通して自分の考えを形成し，深め，表現する力

2 単元について

　文字は常に書き言葉と共にある。文字により他者を理解したり，自分を表現したりすることは言葉の持つ他の全ての働きと同様，人と人をつなぐために欠かせない行為である。

　近年，多くの中学生が携帯電話やスマートフォンのカメラ機能を用いて気軽に写真を撮って楽しんでいる。また，その写真を簡単に加工できるアプリも多くあり，写真はコミュニケーションツールとしての重要なアイテムとなっている。しかし生徒たちは日常的に情報を発信しているにもかかわらず，過去の学習の場面では自分の思いを文字や画像を用いて効果的に表現できず，また相手の意図を文面や画像から読み取ることに苦手意識を持っている現状がある。このような苦手意識をもつ背景には，テクストにおける視覚的側面に気付く機会の少ないことがあると考えられる。本単元では，卒業を間近にした３年生が自分たちの過ごした弘明寺の街を「言葉」＋「写真」を通して自らの思いを効果的に発信しつつ，最終的には「言葉」＋「写真」からなる写真詩集にしようと考えた。制作物は自分の考えや思いを表現するものであるが，出来上がった後の文章（作品）を読む相手の視点を意識することを合わせて指導したい。

3 単元の学びを支える指導事項（◎特に身に付けたい力，・機能的習熟を目指す事項）

◎目的に応じて文章などを読み，知識を広げたり，自分の考えを深めたりする。（読むオ）

◎身の回りの多様な文字に関心を持ち効果的に文字を書く。（伝国書写ア）

・文章に表れているものの見方や考え方について，知識や体験と関連付けて自分の考えをもつ。（読むエ）

・事実や事柄，意見や心情が相手に効果的に伝わるように，説明や具体例を加えたり，描写を工夫したりして書く。（書くウ）

4 学びの実現と自覚への指導の工夫

（1）生徒たちの生活の必然性からの単元構成

　生徒たちの生活に身近な学習内容や活動を取り扱い，その学習内容が日常生活に使えることを体験する工夫を心掛けた。「言葉」＋「写真」〈イラスト〉からなるテクストは普段の生活にあふれている。言葉を文字に表す場合，多様な文字に関する関心や知識がなければ効果的に表現することはできないことを実感させる。

（2）多様な資料の提示

　読書材は本校図書室，連携校である神奈川県立光陵高校，横浜市立の図書館から写真詩集や詩画集を中心に収集した。多様な読書材を集めることで生徒がより多くの資料に触れそれらを比較・検討・分析することで，「言葉」＋「写真」についての知識を広げたり自らの考えを深めたりできる。

（3）学びを振り返る活動

　単元の導入で過去の学びを意識しながら見通しを持ち，終末で今回の学びを振り返る時間の確保を行うことで自己の変容に気付く。自分の学びを自分の言葉で表現することは今後の学びへの意欲につながると考える。

5 授業の実際

　単元の課題を提示した際，これまでの学びで得た知識，技能で活用できそうなものはないかを考えさせたところ，様々なアイディアが生徒の間から出た。「写真と文字のバランスは数学で学んだ黄金比」「社会の地形図の見方を用いて写真を撮る時の視点に応用」「和菓子のチラシを作った時の文字や文章効果」「肖像権の問題」等である。その後あらかじめ用意しておいた「言葉」＋「写真」からなる読書材を提示し，一人２冊ほど選び，詩や写真と文字の構成について分析する活動を行った（図１）。

　過去の学びや，読書材からの分析内容を意識しつつ，写真詩集に残す思い出を「誰に」向けて発信するのかでは話し合いが難航した。

　「１章，２章と章立てになっている詩集もあったので，１章で誰かに向けて，２章で自分たちにとしてはどうか」という意見も出たが「思い出を残すのであれば何年後かの自分達に向けてメッセージを残したい」という意見が多く，どのクラスも「何年後かの自分達が見て懐かしんだり，思い出をかみしめたりする」写真詩集を作ることとなった。

　言葉を考え，写真を撮り，データを貼り付ける（図２）。班ごとにスライドショーで再生したが，多くの生徒がより見やすく，より自分の伝えたいテーマに合わせて文字の配置や書体を修正したいと申し出，計画よりも多くの時間を費やした。そしてクラス全体で自分達の作品を「読む」活動を行ったところ，再び何人かの生徒が「個人的な思いを書いており，皆で思い出を懐かしむような内容ではないので言葉を変えたい」，「この写真では抽象的すぎるように思うが，みんなはどう感じるか」等の意見があり，予定外ではあったが，「みんなで思い出を懐かしむ意義」や「文字や写真の持つ効果」について交流する時間を取った。

図１　選んだ読書材を分析中

図２　生徒品例

　最終的には「言葉」と「写真」の組み合わせによって生み出される効果や自分が伝えたいイメージに合った「言葉」や「写真」選びの重要さに気付き，各生徒が納得のいく作品が提出された。

　振り返りシートには「同じ写真，同じ言葉でも書体によって受ける印象は異なるので意識して表現する必要がある」，「写真に言葉が加わることで言葉の重みがずっしり響くような気がする」等の記述が見られた。今後，生徒たちが日常において言葉と画像の関係を考えながら情報を適切に読み取り，また適切に発信できることを期待したい。

●参考文献
1）石田喜美　（2016.8）「映像テクスト／言語テクストの往還による学習の可能性-テクストの美的機能に着目した写真ワークショップの実践から」，人文科教育研究43号 PP.29-41.

（清水　理佐）

次	時	評価規準 ※（　）内はAの状況を実現していると 判断する際のキーワードや具体的な姿の例	【　】内は評価方法 及び Cの生徒への手だて
1	1|4	関　自分の思いを表現するために様々な情報を集めようとしている。（〇） 読　読書材を読み比べ、構成や展開、表現の仕方について評価している。 読　集めた読書材から分析した内容をもとに構想を立て、自分自身が作りたい「言葉」＋「写真」の作品をどのように作るか、その組み合わせの仕方を熟考している。（◎） 　（A：表現の工夫について吟味し、分析ができている。）	【発言の確認】 C：過去の学習プリントや学習活動から言葉と文字、書写表現について考えるよう促す。 【ワークシートの記述の確認】 C：読書材となるものを再考し、材料が不足していれば補うように促す。
	5|6	関　自分の考えを効果的に表現しようとしている。（〇）	【ワークシートの記述の確認】 C：これまでの地域とのかかわりを思い起こし、自分にとって弘明寺がどのような街なのかを考えさせる。
	7	関　自分の選んだ言葉のイメージをより豊かにするための写真を工夫しようとしている。（〇）	【発言の確認】【ワークシートの記述の確認】 C：ワークシートを確認し、自分の作った短詩のイメージに近い素材を集めるよう促す。
	8|9	関　自分の考えを効果的に表現しようとしている。（◎） 　（A：読み取った内容を自分の考えへと効果的に表現できている。）	【ワークシートの記述の分析】 C：写真を選んだ意図を説明させる。短詩を効果的に見せる配置や書体などを考えさせる。
	10|11	読　映像を伴うテクストの特徴を意識的に考えながら、自分の表現を工夫している。（◎） 　（A：読み取った内容が自分の表現に表れている） 伝国　多様な文字に関心を持ちそれにふさわしい文字を書いている（選んでいる）。（◎） 　（A：効果的に文字を表現できている。）	【振り返りカードの記述の分析】 C：他作品にはどのような工夫がされているのか比較させる。 【作品の分析】 C：授業の導入にかえって、文字を効果的に表現すること、身の回りの文字から受ける印象について考えさせる。

主たる学習活動	指導上の留意点・言語活動の質を高める工夫 （★：学びの自覚を促す工夫）	時
• 単元の課題を確認する。 　【課題】言葉を使って卒業間近な自分たちの過ごした弘明寺の街を紹介し，写真詩集を作ろう。 • 課題解決に生かせそうなこれまでの学びについて考える。 • 書写のテキストや，いくつかの文章を読み，文字や写真に込められた意図を考える。 • 図書室で谷川俊太郎『生きる』等の「写真詩集」をはじめ，様々な「言葉」＋「写真」に関する読書材を使い，それぞれの構成や表現の工夫について吟味し，分析を行う。 • 誰に向けてどのような内容の写真詩集を作るのかクラス全体で検討する。	★今までの学び(弘明寺商店街のインタビュー，詩を読み取って書写で表現する，ポスターを批評する，和菓子のチラシを作る等) を使って課題に取り組むことを考えさせる。 • 出来上がった写真詩集は自分たちで共有し，卒業式等で映像を流すことを伝える。 • それぞれの構成や表現の工夫を吟味し分析することで作品作りに関する評価の目を養う。 • 写真詩集を作る目的や誰に向けて発信するのかをまとめ，ワークシートに記入させる。 • 個人で考えをまとめる時間を十分取ってから交流の時間を取る。 ★集めた読書材について分析した内容や，考えを記録できるワークシートを用意する。	1 ｜ 4
• 読書材を分析し，わかったことをもとに弘明寺の街を紹介するのにふさわしい短詩を考える。 • 短詩が出来上がった者から，写真・画の構図を考える。どのような言葉と写真を組み合わせるのかワークシートに記入する。	• 誰に向けて書くのか，読書材から読み取ったことは何なのかを意識しながら自分の思いを残すことを意識させる。 • ワークシートに自分のイメージを記入させる。	5 ｜ 6
• ワークシートとカメラを持って弘明寺商店街に出向き，構図に合った素材を集める。（写真を撮る，必要があれば取材を行う等）	• 前時の分析結果や自己の構想を踏まえたうえで，それぞれの言葉を生かす写真を撮影するよう意識させる。	7
• 作った短詩に合う素材を検討し，決定する。 • 写真をパワーポイントに貼り付け，テキストボックスで文字を入力し，ＪＰＧで保存。ムービーメーカーを起動させ，小グループの作品をスライドショーにし，ＭＰＧで保存する。 • 小グループで作品を見せ合い，自身の意図が相手に伝わるかを確認し，必要があれば手直しを行う。	• 写真と文字の組み合わせを考える中で文字のかたち，言葉の組み合わせなど視覚的にメッセージを伝えられるように促す。 • 読書材を分析して得た構成や表現の工夫を意識させる。	8 ｜ 9
• データをIWBで投影し鑑賞する。 • 短詩の言葉や文字の配置等について，再度必要であるなら手直しを行う。 • 他人の表現について気付きがあればメモを取る。 • 学びを振り返り自己の考えをワークシートに記入する。	★自分の思いを他者がどのように受け取ったのかを記録し，学びの振り返りを記述できるようなワークシートを用意する。	10 ｜ 11

実践例①〜②

1 社会科で育成する資質・能力と実現したい生徒の学ぶ姿

　『審議のまとめ』では，社会科として育成すべき資質・能力として，社会的な見方・考え方（社会的事象の地理的な，歴史的な見方・考え方及び現代社会の見方・考え方）が中核として位置付けられている。また，「社会的な見方・考え方」とは，課題を追究したり解決したりする活動において，社会的事象の意味や意義，特色や相互の関連を考察したり，社会に見られる課題を把握して，その解決に向けて構想したりする際の視点や方法であると述べられている。これらの方向性を踏まえて，今年度の本校の研究テーマに基づき社会科で実現したい生徒の学ぶ姿を，「自己や他者，対象世界との『対話』を通して社会的事象を多面的・多角的に捉え，深い学びを追究し続ける中で試行錯誤を繰り返しながら，自己の内面と向き合い納得解や最適解を見いだしている姿」とした。

　具体的には，個における考え方の対立や拮抗状態の中で，迷いながら考え判断している姿や，当たり前と思っていることを問い直したり捉え直したりしている姿，また，時間をかけて深く考える中で，問題意識を持つことだけに留まるのではなく，課題解決策を見いだそうとしている姿などがそれにあたる。これらの学ぶ姿を授業実践において丁寧に積み重ねること，とりわけ深く思考する経験を繰り返すことにより，結果的に社会科の本質をより豊かに捉えることにつながってくると考える。教師の役割はその学ぶ姿を常に念頭に置き，どのような学習環境をデザインすれば「実現したい生徒の学ぶ姿」となるのか，問い続けることだと考える。

2 学びの自覚につなげるための指導の工夫

（1）教師の明確な教科観や指導観に基づいた単元や課題を設定する

　生徒が課題の必然性や有用性を見いだすことができる単元構成を考えたり，単元を貫く必然性の高い（考えてみたくなる）課題を設定したりすること。

（2）自己の内面をゆさぶる資料（教材）を準備・提示する

　（1）を踏まえて，社会的事象に対して改めて問い直しや捉え直しが必要となる資料（教材）を発掘し提示することが必要となる。「生徒の心理的没頭」を促すと予測される資料を提示したり場面を設定したりすること。

（3）「個」と「集団」の思考を深め合える対話的な学習活動を組み込む

　授業や単元，各分野など，あらゆる場面で「個」と「集団」との対話を積極的に促すことによって，気付かなかったことが見えてきたり，様々な考え方をつなげてみると理解できたりすることで認識を広めたり深めたりすることができること。

（4）生徒の思考の変容を見取る

　自らの「思考の変容」を意識し自己評価につなげるために，思考を可視化できるシートを用意すること。例えば，思考の働きを整理するため，毎時間設定される学習課題に対して考えたことをまとめる「深化シート」を活用すること。

3　生徒の学びをどう解釈するか

　社会科で育成する資質・能力と実現したい生徒の学ぶ姿を追究するのであれば、「成績を付ける」といういわゆる記録するための評価だけではなく、生徒一人一人の学びにどれだけ寄り添えるかといった指導に生かす評価が重要である。それにはまず、ワークシート等への記述内容の変容を丁寧に見取ることが挙げられる。課題に対して既習事項を関連付けたり、資料を根拠に新たな見方・考え方を見いだしたりするなど、多面的・多角的に社会的事象を捉えることができたかどうかで判断する。記述内容から生徒の「ポジティブ感情」を高めたり、生徒と教師の認識の"ズレ"を少しでも解消したりするなど、直接的、間接的な「対話」も重要である。

　次に、グループ学習での話し合いの内容を重視する。グループ学習の時、教師はただ話し合っているかどうかを確認するための机間巡視をするのではなく、その場面で生徒が何を話し合い、何を疑問に思っているのかなどに注視し、生徒の「率直な声」を受け止めるべきである。例えば、特定の班における話し合いの一部始終を確認する（教師が一緒に参加する）ことだ。生徒の何気ない一言や、対立や合意の場面をていねいに見取った内容を指導者から学級に還元することで、より深い学びにつなげることができると考える。

4　これからの実践に向けて

　今年度の実践から、生徒の「学びの自覚」につなげるためには、教師が社会科の本質を追究し続け、単元構成や課題設定、問いの精選や学習形態等を工夫することが大切であることを改めて確認した。社会科の本質を追究する際、根拠に基づいた自分自身の解釈・判断を明確にする必要がある。そこでは試行錯誤を繰り返しながら納得解や最適解を見いだすとともに、その結論に至るまではどのような思考過程があったのかを明らかにしてそのプロセスを振り返りながらまとめ、今後の学習活動につなげる（見通す）ことが重要である。既習事項と提示された学習課題や資料等を関連付けたり、課題解決に向けて想像力をはたらかせたりする学習活動を繰り返し行うことが「学びの自覚」につながる。「学びの自覚」を促す授業の工夫ができると、「学びのリフレクション」によって生徒が自ら学ぼうとする。その意欲が深い学びへとつながっていく。

　一方、教師の教科観・指導観の質的な向上という観点から、今までの優れた社会科の理論や実践を学び直すことが必要だと考える。「流行」に振り回されるのではなく、「不易」の部分から「社会科を学ぶ意味」を追究し続けていきたい。

　課題としては、「評価」の持つ意味が依然として「記録のための評価」つまり「評価・評定」を意味することに偏りすぎている現状が挙げられる。社会科の目標を実現するために、今後必要となる評価の在り方とは何かを追究していきたい。また、「学びの自覚」を促すために生徒の学習時間をどのように確保するのか。生徒が深く学ぶ場面をより多く保障するためにも、指導内容を精選し、本質を捉えた単元構成や授業の在り方が問われている。さらに、教師が生徒のワークシート等を確認する時間の保障が必要であること。これは一教科だけでは解決できない。教育課程全体を見直す中で、生徒の内面と向き合い、いかに思考の変容に寄り添い支援できるか。引き続き考え続けていきたい。

社会科 実践例①

1 単元で育成したい社会科の資質・能力

　農村体験での経験・体験などから，社会的事象の地理的な見方・考え方を追究する力

2 単元について

　本単元「中部地方」は，学習指導要領〔地理的分野〕２（２）ウ（ｴ）にあたり，日本の諸地域の中で人口や都市・村落を中核とした考察について学習する内容である。本校の２年生は，10月に長野県上田市武石地区へ農村体験学習に行き，実際に農家の方へインタビューをしたり，農家の仕事を直接体験したりする。その校外行事での経験を社会科の学習内容と関連させ，必然性のある学びとなるような単元を設定した。それによって教科の本質に根差した多面的・多角的な視点から地誌学習の基本的概念である「地方的特殊性」と「一般的共通性」を追究でき，地理的事象への見方・考え方に触れさせることができると考えた。さらに，中核となる７つのテーマをつなぐ大テーマを「人口減少社会への挑戦」とすることによって，地理的事象に対する見方・考え方を深めるとともに，３年次に行う公民的分野の学習にも関連させることをねらった。

　「『持続可能な武石地区』を構築するために必要なこととは何か」という学習課題は，最適解や納得解を見いだすものであることから，試行錯誤を繰り返しながら，粘り強く学習に取り組むこともねらいとしている。

3 単元の学びを支える指導事項（◎特に身に付けたい力，・機能的習熟を目指す事項）

◎地域の人口の分布や動態，都市・村落の立地や機能に関する特色ある事柄を中核とし て，それを人々の生活や産業などと関連付け，過疎・過密問題の解決が地域の課題になっていることなどについて考える。

・地域の産業，文化の歴史的背景や開発の歴史に関する特色ある事柄を中核として，それを国内外の他地域との結び付きや自然環境などと関連付け，地域の地理的事象の形成や特色に歴史的背景がかかわっていることなどについて考える。

・地域の調査における諸事象を取り上げ，観察や調査などの学習を行い，地域に対する理解と関心を深めて地域の課題を見いだしている。

4 学びの実現と自覚への指導の工夫

(1) 単元を貫くとともに必然性のある学習課題や「問い」の設定

　本単元では，実際に学習対象となる地域を生徒が訪れるので「学びの自覚」を促しやすい。また，武石地区の様々な課題を地域等の枠組みの中で人間の営みと関連付けて考察することが大切だと位置付けた。そこに「『持続可能な武石地区』を構築するために必要なこととは何か」という学習課題を設定することで，過疎の問題の本質や地域的特色を踏まえたより良い解決法を自分ごととして追究する姿をイメージした。

(2) 学習課題を追究するための資料（教材）の準備・提供

　本単元での重要な資料となるのは，生徒が直接見聞したこと（写真・インタビュー内容など）である。ただしそれだけではなく，人口に関する客観的なデータや，武石地区に長年関りのある方の話を資料として提供することで多面的・多角的な考察ができるようにした。

(3) 学級や生徒一人一人との「対話」

生徒の記述内容をていねいに見取り，学級全体や個人の学習活動にコメントなどで返すことなど，「対話」を重視すること。ときには話し合いに寄り添い，「率直な声」を捉え，議論に参加することなどが生徒一人一人の「省察」の意識を高める。

5　授業の実際

日本の諸地域を学習する際に，まずは日本の人口減少社会の現状を明らかにした報道番組を視聴した。今後，人口が減少する実態は東京など首都圏も直面する切実な課題であることが報告されており，生徒一人一人の今までの固定観念が大きくゆさぶられたようだった。（図１参照）「人口減少社会への挑戦」という大テーマが，今後の学習で意識することとして共通理解された。

これまで，人口が増加することを前提に築き上げてきた日本の社会の脆弱性がわかった。少子高齢化が進む中，低所得で税金納入額も少なく結婚もしていない・する予定もない若年・壮年層が増えることで，行政への納税額が減り，財源不足に陥ることで，住民が求める最低限の行政サービスすら提供できなくなってしまうことがわかった。インフラ維持コストを行政が削減しようとすることに対して，自分たちが理解を深めていかなければ，全体のバランスが崩れていってしまうので，人口に応じて生活規模を妥協していく必要があるなと感じた。行政ばかりに頼るのではなく，住民ひとりひとりが支え合っていかなければ，この先，日本の未来は見通すことができないなと思う。
老年人口が増加していくこの先，福祉や医療看護に従事する労働人口も減り，そのような方面の行政サービスも縮小せざるを得ないような状況になってしまう前に，今のうちに対策を打っておかないと，孤独死や介護施設の不足などの問題がさらに深刻になるおそれがあると思った。この問題はかなりショッキングだし，もう他人事とはいえないので，日本国民として知っておくべきだと思った。

図１　報道内容を視聴した自分の考え

本単元「中部地方」の学習を進める前に，「北海道地方」の学習を「歴史的背景」を中核として進めた。理由は，前述の報道の中で北海道夕張市の人口減少の実態と現市長や住民の切実な思いが報道されていたからだ。しかしそれは，夕張だけの問題ではない。日本や世界全体の社会的事象など，様々な関連性の中で地理的事象を捉えることが重要であることを確認した。

そこから中部地方の学習を始めた。中部地方の概要を確認した後，武石地区の良さや課題などをまとめ（図２参照），「『持続可能な武石地区』を構築するために必要なこととは何か」というテーマで仮説を立てた。

拙稿を執筆する段階ではまだ整理しきれていないが，今後，農村体験でお世話になった代表の小林氏に，自分たちの仮説に対する意見をいただきながら，「武石地区への提言」としてまとめを行う予定である。

	地域（武石）の良さ	地域（武石）の課題	その他（農家の方の声など）
1班	食べ物が美味しい，地域のつながり 景色がきれい→自然が多い	外国人が多い↔日本人が減少 病院が遠い，車がないと…の不便	若い人が積極的に農業に関わ この町に来てほしい
2班	地元の若い人→農業　耕作放棄地が少ない　} 農家同士仲が良い	車がないと生活ができない ↔あまり関わる機会が少ない？	収入が不安定 夏→大変 冬→暇
4班	自然が豊か→食材がとれる 景色が良い　地域で仲が良い	売りに行くのが大変 高齢化が進む→車が運転できない	車でしか移動できないのが不便
5班	自然→空気がきれい [illegible] つながり→チーム，助け合っている	車で15分のスーパー おりてくる動物が多くなった	「美味しい」と言って食べてくれることが一番嬉しい
6班	人づき合い→動物対策を村全体で 緑が，自然が多くきれい	少子高齢化→後継ぎが都会へ 交通が不便→バスがほとんどない	兼業農家→手間がかかる 獣などからの被害
7班	自然が豊か→水，空気がきれい つながり→不審者に気付きやすい	少子高齢化 1人あたりの面積が広すぎる	農業だけでは生きていけない 若い人の興味が大変
8班	自然が豊か→生かしながら生活 食を大切にしている，つながり	空き家が多い 働き手が少ない	耕作放棄地，TPPへの理解があまり進んでいる

図２　武石地区の良さや課題などのまとめ

（土谷　満）

[資料]　資質・能力育成のプロセス（8時間扱い）

次	時		評価規準 ※（　）内はＡの状況を実現していると 判断する際のキーワードや具体的な姿の例	【　】内は評価方法 及び Ｃの生徒への手だて
1	1 ｜ 2	思	報道番組を視聴し，報道されている内容を的確に把握し自分の意見をまとめることができる。（○）	【ワークシートの記述の確認】 Ｃ：視聴内容を整理しやすいように，あらかじめ自治体名等を入れたワークシートを用意したことを伝え，視聴内容をまとめるための方法を指示する。
		知	中部地方の自然環境など，特色ある事象に着目し，その地域的特色を理解している。（○）	【小グループ内での共有・話し合い】【発言の確認】 Ｃ：自分の考えを積極的に仲間へ伝えたり意見を出したりするよう促す。
		技	諸資料から，中部地方の地理的事象について多面的・多角的に読み解くことができる。（○）	
	3 ｜ 4	技	農村体験で収集した資料を比較・検討・整理することができる。（○）	【小グループ内での共有・話し合い】【発言の確認】 Ｃ：自分の考えを積極的に仲間へ伝えたり意見を出したりするよう促す。
		思	整理した諸資料を根拠に仮説を立て，どのような情報を集めればそれが検証できるのか考えまとめることができる。（○）	【ワークシートの記述の確認】 Ｃ：他のグループが発表した内容について，要点をまとめて自分のワークシートに記述するよう促す。
2	5 ｜ 7	思	小グループでの意見交換や全体で共有できた内容について，根拠をもって自分の考えをまとめることができる。（○）	【小グループの発表・クラス全体での共有】 Ｃ：提言内容をまとめる際に必要な参考となる意見等メモをとるように指示する。
		技	様々な資料を収集し，適切に選択した情報を基に，読み取った内容を提言内容として図表などにまとめている。	【提言内容のまとめ】 Ｃ：何を伝えたいのか，優先すべき内容は何かをまとめて現すように促す。
	8	関	武石地区をモデルとして中部地方の特色を見出そうと主体的にかつより深く考えようとしている。（◎） （Ａ：既習事項を活用して多面的・多角的に考えようとしている。）	【思考の変容ワークシートの記述の分析】 Ｃ：既習事項を振り返りながら，自分が見聞したことを中心にまとめるよう促す。
		思	武石地区をモデルとした考察から，中部地方の特色についてまとめている。（◎） （Ａ：中部地方の特色について既習事項を踏まえて多面的・多角的に考察し表現している。）	【ワークシートの記述の分析】 Ｃ：単元の学習活動全体を振り返り，何が理解できて何が分からなかったのか，具体的にして記述するように促す。

主たる学習活動	指導上の留意点・言語活動の質を高める工夫 （★：学びの自覚を促す工夫）	時
【課題①】 ＮＨＫスペシャル「縮小ニッポンの衝撃」を視聴し，分かったことや考えたことを記述しよう。 • 視聴内容について何が課題となっているのか要点を記述し，それについて自分の考えをまとめる。 • 北陸地方の自然条件や名古屋大都市圏を中心とする東海地方の特徴と中部地方の人々の営みを関連付ける「問い」を提示し，諸資料を基に小グループで考える。	• 視聴する際のポイントを伝えて，最終的に自分の考えをまとめるなど，見通しを持たせる。 • 中部地方の地域の特色について，小グループで話し合いながら答えを導き出してまとめるよう指示する。 ★課題①に対して取り組みやすいワークシートを用意する。	1 — 2
• 農村体験学習で得た知見を小グループ内で話し合い，ワークシートにまとめる。 • 武石地区の良さや課題などについて，小グループ内でまとめた内容を全体で共有する。 【課題②】 「『持続可能な武石地区』を構築するために必要なこととは何か？」という学習課題に取り組もう。 • 課題②に対して，小グループでまとめた内容を全体で共有する。 • 各小グループの意見を聞いて，再度，仮説を練り直す。	• 農家の方へのインタビュー内容など，実際に見聞しなければ分からなかったことを中心にまとめるよう指示する。 • 全体で共有するときには，他のグループの考えを端的にまとめるとともに，共通点と相違点を見出す中で，多面的・多角的に考察するよう促す。 ★課題②に対して取り組みやすいワークシートを用意する。 ★課題②に対して順序立てて考えられるように授業の構成と発問を工夫する。	3 — 4
• 武石村地区の地誌や歴史，現状などについて，様々な資料を用いて考察する。 • 「信州せいしゅん村」（農村体験学習の受け入れ団体）の代表である小林氏に，生徒たちからの質問等を投げかけ，回答をいただく。その回答を踏まえて自分たちが立てた仮説を検証する。 • 課題②に対して，具体的な提言内容を個人でまとめる。	• 課題②対して，今までの学習活動を振り返り，根拠をもって自分なりの考えをまとめるように指示する。 ★提言内容をまとめやすくするワークシートを用意する。 ★生徒の仮説に対する専門家の意見を伝えることで，自分の意見との共通点と相違点に気付かせる。	5 — 7
• 今まで学習してきた内容について振り返り，「人口や都市・村落」を中核としたテーマについて考える。 • 武石地区をモデルとして考察してきた中部地方の学習について，今までの学習活動（既習事項も含む）を振り返り，分かったことや考えたことをまとめる。	• 他の地域の学習でも活用できることや3年次での学習活動に生かせるように，見通しをもたせる。 ★日本の諸地域の学習で最後の「まとめ」で使用した同じ形式のワークシートを用意して，既習事項との比較や振り返りをしやすくする。	8

社会科　実践例②

1　単元で育成したい社会科の資質・能力

　企業調査などを中心として，社会的事象の公民的な見方・考え方を追究する力

2　単元について

　本校では，2年次の職業体験をはじめ，総合的な学習の時間でTOFYという個人研究を行っている。その中で，多くの企業との関わりをもち，個人研究でも多くの企業に協力を得ている。しかし，生徒たちは，職業体験や個人研究で得た問題意識を，自分の将来と結びつけているとは言い難い。

　そこで本単元「市場の働きと経済」では，実際に企業（お店）を経営するシミュレーション学習を通して，経済活動の意義や市場経済の基本的な考え方，現代の生産や金融などの仕組みや働きについて，多面的・多角的に考察させることで公民的資質の基礎を養うことをねらう。そして，現代の労働環境に目を向けさせることで，「私たちが働きたい魅力ある企業」とは何かということを意識した指導を展開する。経済の学習を通して，既習事項や実社会について自分の考えを深めるという社会科の本質に迫る指導を目指す。

3　単元の学びを支える指導事項（◎特に身に付けたい力，・機能的習熟を目指す事項）

◎学習課題に対して調査で収集した資料を比較・検討・整理している。（技）

◎調査の分析を共有し，現代社会の課題に対する考えをまとめている。（思）

・経済に関する基礎的・基本的な事項を理解している。（知）

・収集した資料を根拠にして自分の考えをわかりやすく伝えている。（思）

4　学びの実現と自覚への指導の工夫

(1) 生徒に獲得してほしい認識・単元を貫く課題の設定

　「知識・技能」を構築するためには，単元における学習内容を「見通す」学習活動が必要であり，各単元で付けさせたい力を明確にした上で日々の授業を行った。このとき，教師側が「生徒に獲得してほしい認識」を意識することによって，各授業における「ねらい」が明確になるように単元を構成した。

　「生徒に獲得してほしい認識」を基に，「単元を貫く課題」を設定し，単元の終末には「単元を貫く課題」を多面的・多角的に捉えることに結び付けることになり，学習指導要領にあるねらいに沿った学習活動が実現すると考えた。

(2) 課題設定から「個」と「集団」の思考を深め合える学習活動

　本時の課題が生徒自身に疑問を持たせ，興味を惹くものであれば，生徒は意欲的に課題に取り組むことができ，生徒の思考力も養われる。それによって，生徒同士が考えを出し合いながらの活動もスムーズに行うことができる。課題を自分事と捉えた生徒同士が，意見を交換することで仮説を立てたり，そのためにはどのような資料が必要であるかを考えたりすることが自然と展開される。つまり，「個」と「集団」が思考を深め合うためには，課題解決を基本とする授業の展開が必要であると考える。

(3) 深化シートを活用した振り返り

　授業で働いた思考を俯瞰させるために単元の「深化シート」を作成した（図1）。これは，単元における思考の働きを整理するためのもので，毎時間設定される学習課題に対して考えたことをまとめるというものである。また，

授業における思考を深める活動を通して，単元の途中や終末においても自分の認識の変容などを「自覚」することができ，毎時間の授業の「認識」や「思考」に関連性が生まれ，生きた知識として定着することができる。

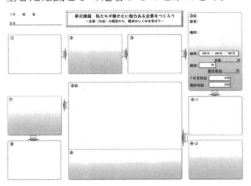

図1　単元で使用した「深化シート」

5　授業の実際

（1）課題設定と根拠をもった思考の深まり

「自分自身が企業の経営者になる」というパフォーマンス課題を取り入れたことは，生徒の学びへの意欲を引き出すのに有効であった。また，「地産地消」「過疎・過密」「昼夜人口の比較」「最低賃金」「農業生産額」などのキーワードを都道府県ごとに分析する作業を取り入れたことは，その後班やクラスで話し合う際の根拠や視点として有効であった。そして，多くの授業において，班で話し合う際にはホワイトボードを使用した。ホワイトボードは，班の思考を共有し，深めるために用いるツールとして使用した（図2）。大事なことは生徒が学習課題に対してどのように思考を深め，学びを「自覚」させるかだと考える。このホワイトボードの使用は学びの自覚を促すために重要な役割を果たした。

（2）広がった思考とどのように関わるのか

本単元の中核を担った活動が，TPCを使用した企業の調査である。

授業では，最初に大学生と高校生の就職率の推移を提示し，就職率が高くなっているという認識をもたせた。その後，大学卒業3年

図2　メモをしながらの活動

後の離職率の推移を提示したことで，生徒の反応が一変した。定職率の高い企業，業種によって離職率が異なることについて興味をもった生徒は時間の許す限り，各企業の取組について調査，分析することになった。生徒の調査から多数の取組が出てきて，生徒の思考は広がった。そして，その結果から日本の労働環境と日本社会が抱える問題について目を向かせて活動を収束させた。

本単元を通して生徒の思考を広げることが深い学びへの第一歩となり，また単元を貫く課題を自分事として考えさせることで，学びの自覚につなげられると考えた。ただ，社会科の学習を通して，どの程度「有用感」を感じさせることができているのかは，今後の課題でもあると感じた。

> これからの企業に求められることとは何だろうか。
> 私はこれからの企業に求められることに「労働者の労働環境」と利益だけでなく「社会にどれだけ貢献出来ているか」の2つが特に大切だと考えます。
> その理由は2つあります。
> 1つ目は労働環境が良いことはお客様に対するサービスの品質の向上につながからです。また企業のイメージアップ・発展につながります。2つ目は社会的貢献，社会的責任（働く環境も含む）を果たすことで優秀な人材を育てることが出来ると思うし，男女共同参画社会に対して貢献することにつながるからです。

図3　単元の課題に対する生徒のまとめ

（田川　雄三）

次	時		評価規準 ※（　）内はAの状況を実現していると 判断する際のキーワードや具体的な姿の例	【　】内は評価方法 及び Cの生徒への手だて
1	1 ｜ 2	関	自分の将来を考え，働く上で大切にしたいことについて提示された資料に対して意欲を持っている。（○）	【発言の確認，ワークシートの記述の確認】 C：生涯賃金などの資料の読み取りから自分はどんな職業に就きたいか，班で発言できるようにする。
	3 ｜ 6	関	シミュレーションを通して，カレー店の経営から経済活動のかかわりに関心をもち，追究しようとしている。（○）	【資料の活用・ワークシートの点検・発言の確認】 C：シミュレーションの場面を想起させる。
		技	お店の出店場所や従業員の賃金などについて，さまざまな資料を比較・検討・整理している。（○）	C：出店場所に関する資料の読み取り方や，最低賃金に関する資料が読み取れているか机間指導しながら支援する。
		知	シミュレーション学習を通して，経済に関する基礎的・基本的な事項を理解している。（○）	C：ワークシートで一緒に確認し，基礎的な事項について理解を図る。
2	7 ｜ 10	技	企業の実態調査で収集した資料を比較・検討・整理している。（◎） （A：労働環境に対する強い意識，調査を進める中で現代社会の問題への気づき）	【実態調査・調査深化シートの記述の分析】 C：企業を調査することで，どのような取組が行われているのか机間指導して支援する。
		思	企業調査の分析を班で共有したことについて，現代社会の課題に対する考えをまとめている。（◎） （A：雇用や男女の家庭への関わりの在り方に対する記述，企業の労働環境へ対する記述の工夫）	C：班員から挙がった意見から企業の取組を確認し，労働環境の内容に対する背景を考えさせる。
		関	企業が果たす責任について，建設的な意見交換ができる。（○）	【小グループでの共有】 C：今回までの学習を通して，企業が大切にしていることは何かを整理させる。
	11 ｜ 14	関	これからの企業に求められることについて，今までの学習を振り返りまとめようとしている。（◎） （A：生徒に獲得させたい認識を基に，自分の将来を見据えながら，企業の在り方への深まり）	【深化シート記述の分析】 C：単元の導入からどのように自分の考えが変化してきたのか，深化シートをもとに考えさせる。

【生徒に獲得させたい認識】企業には，単に利益を追求するだけでなく，市場経済において公正な経済活動を行い，消費者や株主，従業員の利益を増進させる役割がある。また職業には，収入を確保するだけではなく，社会全体に貢献することで，将来の社会を支える一人として経済活動に携わっていかなければならない。

主たる学習活動	指導上の留意点・言語活動の質を高める工夫 （★：学びの自覚を促す工夫）	時
• 今の時点でこれからの自分の進路について考え，将来どんな仕事に就きたいのか考える。 • 「生涯賃金」の資料から読み取れたことについて，それぞれ発表し，その内容を全体で共有する。 • 企業が大切にしていることについて，今の時点での自分の考えを深化シートに各自記入する。 • 本単元の課題（単元を貫く課題）を提示する。	• 企業を中心に考えたとき，企業が大切にしていることについて確認する。 ★単元を通して，考えの変容・深まりを記録できるワークシート（深化シート）を配布する。	1 | 2

【単元を貫く課題】これからの企業にはどのようなことが求められるのだろうか

【パフォーマンス課題】
あなたがたは，Fy大学に通う３年生。大学で所属するゼミでは，これから始まる就職活動に向けさまざまな企業の調査をすることになりました。企業調査を通じて，現代社会が抱える労働に対する課題をわかりやすく説明しなさい。また，これから求められる企業の企画書を作成し，プレゼンしなさい。

主たる学習活動	指導上の留意点・言語活動の質を高める工夫	時
【シミュレーション学習】 • お店の経営から経済に関する基礎的・基本的な事項を理解し，シミュレーション学習を通して，経営していく際に考えるべき要素について話し合う。 • 店舗の場所・最低賃金などの調査から班で経営するお店の方針について各自提案する。	• Power Pointを使用し，シミュレーション学習の内容について確認する。お店の出店場所や従業員の賃金については，地図帳やTPCを使用しながら調査し，できるだけ具体的な案を各自提案させながら，班として一つにしぼる。 • シミュレーション学習の中に，市場経済の考え方，生産の仕組み，金融の仕組みや働きなどについて組み込みながら確認していく。 ★深化シートに自分の考えをまとめさせる。	3 | 6
〜シミュレーション学習後〜 • 現代の労働に関する様々な資料を用いて考察する。 • 「離職率が高い」ことに注目して，その理由について各班で仮説を立て，調査する。 • 企業を調査したことを班で共有し，企業が労働環境をどのように整備しているのか分析する。 • 企業のCMから企業が果たす責任について考える。 • 「利益の追求」「労働環境」だけでなく，「企業の社会的責任」を視点に深化シートにまとめる。	• 現代の労働に関する資料を読み取らせながら，「なぜ，３年以内の離職率が高いのか」について考えさせる。仮説をもとに「学生に勧める優良企業」の資料をTPCで確認し，それぞれの企業を調査させる。 • 企業調査で「週休３日制」「女性雇用」「ワークシェアバランス」を注目の要素として示す。 • 複数の企業のCMをみて，企業が果たすべき責任について考えさせる。 • 職業体験やTOFYの活動を振り返ることで，企業の社会的責任について考えさせる。 ★企業について，多面的・多角的な視点が見出せるように個別に助言する。	7 | 10
【課題】 私たちが働きたい魅力ある企業をつくろう • 学習課題について「私が働きたくなる企業企画書」（構想）を各自で作成し，Power Pointで企業のPRスライドを作成し発表する。 • 今までの学習活動を振り返り，単元を貫くテーマについて，深化シートに自分の考えをまとめる。	• 今までの学習活動について，資料を根拠にした現代社会に関する見方・考え方を確認する。 ★企画書作成中は今までの学習を振り返りながら，単元の１時間目との思考の変容・深まりについて気付かせるよう助言する。 ★深化シート全体を俯瞰し，これまでの学習の学びの深まりや思考の変容について注目させる。	11 | 14

実践例①〜③

数学科

1　数学科で育成する資質・能力と実現したい生徒の学ぶ姿

　数学科で育成する資質・能力とは，基礎的な概念や法則を用いて事象を数学的に捉え，性質や特徴を見いだし，課題解決，結果の検討，過程の振り返りを論理的に行うこと，そして，数学の実用性を実感し，新たな問いや推測に対しよりよい課題解決の方法を探究していく態度であると考える。また，『論点整理』(2015)では，既存と新規の知識・技能を関連づけて，様々な場面で活用できる概念等も身に付けていくことの重要性を，『審議のまとめ』では，学習指導要領改訂のキーワードとして「個別の知識・技能」「思考力・判断力・表現力等」「学びに向かう力，人間性等」が挙げられている。そして，昨年度は「知識・技能」の構築を目指すための数学的活動について研究した。その中で分かったことは，知っている・できることをどう使うかを考える（「思考力・判断力・表現力等」）活動が，「プロセスに関する知識」の発見につながり，「知識・技能」の構築に役立つということである。そこで，数学科で目指す生徒の学ぶ姿を，「日常生活や社会の事象を数理的に捉えて数学的に表現・処理し，問題を解決していく姿」「数学の事象について統合的・発展的に捉えて新たな問題を見いだし，数学的に処理し，問題を解決していく姿」と考えた。

　課題解決において，粘り強く考えることは最も重要な要素である。仮に，解決に至らなくても，その解決に向けて誠実に取り組み，自立的に向き合う生徒を育てたい。そして，ときに協働的に解決を図っていく中で多様な考えから自らの視野を広げ，主体的に問題に取り組むことで，自己効力感を高めて新たな学びへと向かう生徒であってほしい。

2　学びの自覚につなげるための指導の工夫

(1) 数学的な探究の過程を重視した問題解決学習の充実を図る。

　探求の過程において，結果や解決の方法を「見通す」ことや，それらを「振り返る」ことは数学的活動の中で重要な要素であると考えられる。さらに，言語活動と組み合わせて実施していくことで，より具体的な思考・表現の計画・実行を可能にしたり，他の場面で活用するための方法知として習得したりすることが期待できる。また，個での追究に他者の意見が加わることで自らの思考が変容していく様子が俯瞰できるようなワークシートや授業展開を準備し，ひとつの事象をどのように解決に導いていったかを客観的に吟味及び評価できる学習を意識する。ICTの利活用はその効果が期待できると考えられる。

　例えば，2年生「一次関数」の授業で「ダイヤグラム」という課題がある（大矢他，2016）。これは，北海道新幹線（2016年3月一部開業）の新青森−札幌間で各駅に停車する新幹線Aを走らせたときの運行の様子を表現したグラフに，より速い新たな新幹線Bの運行の様子をかき加える活動である。その中でいくつかのグループが検討したBがAを追い抜く表現をクラス全体で共有し，それらの違いを明らかにすることで，どの追い抜き方が適切なのか，その理由などを話し合わせながら表現できるようにする。このように具

体的な場面を想起させ，それが適切であるかどうか議論して，解決を図っていく中で自ら
の思考がどのように広がったのかを振り返ることで，有効だった考え方を方法知として意
識化させることができる。

(2) 資質・能力の３つの柱を相互に関連付けた学習活動の充実を図る。

　例えば，１年生「比例」の授業で「規則性を分類しよう」という課題がある（『附属横浜中』
2016）。これは，１段目は正方形を１つ，２段目は正方形を３つ並べた上に１段目のもの
をのせているもの，３段目は正方形を５つ並べた上に２段目をのせているものというよう
な図を示し，「段数とともなって変化する数を探してみよう」という課題であり，関数関
係を具体的な場面で活用していくための礎と考えている。この課題は段数と共に様々な要
素が変化していく様子をどのように表すべきかを個人の考えやグループでの話し合いの中
で「思考・判断」し，その中で作成された表を既習の「知識・技能」である変化や対応の
調べ方をもとに分類し，未習の関数と既習の関数の違いに注目させることで，新たな「学
びに向かう力」を引き出したい。また，このような活動を通して，「既習の方法知は有効
であること」が確認され，より洗練されていくものと考える。

3　生徒の学びをどう解釈するか

　生徒の学びを見取るためには，形成的評価について焦点を当てていく必要があると考え
られる。つまり，解答までたどり着けたという結果だけではなく，そこに至るまでの思考
が変容していく様子も含めて評価していくということである。学習の過程において生徒自
身が自らの深い追究や他者との交わりによって生み出されていった思考の流れや気付き，
疑問などを記録し，またそれを客観視して確認・分析することは，自己の成長や，疑問を
解消していくことによる自己効力感の高まりへとつながっていくと考えられる。また，新
たな問いを立て解決に臨もうと取り組んだり，類似した課題に対して身に付けた「知識・
技能」を活用して解決への糸口を探ろうとしたりすることも，自らの学びを自覚する上で
効果的な活動である。生徒自らが主体的に問いをもって新たな学びへと向かう姿は，自ら
の学びが深化されたことを示す重要な指針であると考える。

4　これからの実践に向けて

　『審議のまとめ』では，「事象を数理的に捉え，数学の問題を見いだし，問題を自立的，
協働的に解決し，解決過程を振り返って概念を形成したり体系化したりする過程」といっ
た数学的に問題解決する過程が重要であると挙げている。この過程においては，よりよい
解決方法に洗練させていくための意見交換や議論などの対話的な学びを充実させ，それぞ
れの過程を振り返り，評価・改善していくことが必要とされる。そのためには，単元全体
を見通してどのような数学的活動を行い，どのような「知識・技能」や「思考力・判断力」
を身に付けていくのかを明確にした教材の設定の仕方や，生徒の思考に寄り添い，学びへ
の支援をするための授業者の生徒への関わり方などを検討していく必要がある。

●参考・引用文献

１）大矢周平・関野真・大内広之（2016）「「知識・技能」の構築を目指した数学の授業づくり」，日本
　　　数学教育学会誌臨時増刊第98巻，p.319

数学科 実践例①

1 単元で育成したい数学科の資質・能力

　具体的な事象の中から二つの数量を取り出し，関数関係を見いだし表現する力

2 単元について

　第1学年の関数領域は「具体的な事象を調べることを通して，比例，反比例についての理解を深めるとともに，関数関係を見いだし表現し考察する能力を培う」ことを目標としている。本単元「比例の利用」はその（1）オにあたり，具体的な事象を比例を用いて説明し考察することを目指す内容である。本実践例は，その第4次の第4時についてである。

　身の回りには，関数関係を用いて説明できる事象が数多く存在する。よって，具体的な事象の中から取り出した二つの数量から関数的な見方や考え方をもとに変化や対応を捉えることで，実際の計測が困難なものであっても，見いだした関数関係から予測をしたり求めたりすることができる。本時の課題「ディズニーリゾートの面積比べ」では，厚紙の重さと面積との比例関係から解決を図り，測りにくいものを測りやすいものから求めることを体験させ，比例をはじめとした様々な関数関係が実社会の中でも問題解決の有効な手立てになることを実感させたい。

3 単元の学びを支える指導事項（◎特に身に付けたい力，・機能的習熟を目指す事項）

- 関数関係の意味を理解すること。
- 比例，反比例の意味を理解すること。
- 比例，反比例を表，式，グラフで表し，それらの特徴を理解すること。
- ◎比例，反比例を用いて具体的な事象をとらえ説明する力。

4 学びの実現と自覚への指導の工夫

(1) 学ぶ必要感を高める課題の設定

　実生活で起こりうる現象や体験を課題として設定することは，生徒の学習意欲の向上に加え，主体的に取り組む姿を生み出す大きな要素と考える。「ディズニーリゾート」は社会科の授業でバチカン市国の広さをイメージする際に比較対象として既に提示されており，興味関心を示していることが想定され，また実体験からも予想しやすい題材である。加えて，生徒が自らの学びの深まりを確認する上で，「学びの連続性」を意識した課題の設定は不可欠である。一部分の数量から比例関係を導き出し考察する学習や，解決のために必要な情報が何かを吟味する学習を終えており，それらを活用して新たな問題解決を図る姿を期待する。

(2) 「見通す・振り返る」学習活動

　事象の中の数量関係が関数と見なせるかを判断して，解決の手立てを「見通す」こと，そしてその着目が妥当だったか解決の過程をあらためて吟味し「振り返る」ことは，自らの学びの成果を自覚する上で非常に重要である。それは「見通す・振り返る」一連の流れが，自らの思考の変容と広がりの確認に適しており，また問題解決に必要な知識や技能が何かを知ることができる有効なサイクルだからである。本時でも，どこに比例関係があるか既習内容をもとに考えたり，また見いだした比例関係や解法が適切だったかを確かめたりすることで，更なる学習の質の向上へとつなげることができると考える。

(3) 「個」と「集団」を往復する学習活動

　問題文には重さに関する記述がないため，面積と重さの関係に気付かない生徒が多く出ると予想される。それゆえ「個」で解決を図

るのではなく「集団」での話し合いを取り入れることで，自分または他者の固定化された思考に幅が生まれ，より効果的に解決へと向かうことが期待できる。また最終的に「個」の学習活動へ戻すことで自らの考えの変容が客観視できる。さらに類題を解くことによって獲得した知識や技能の定着度合いが確認でき，学びがどれほど深まっているかを自覚することができる。この往還の有益性を存分に生かし習熟と活用をより深めさせていきたい。

5　授業の実際

(1) 授業の様子

　まず本時の課題を提示し，パーク内を歩いた実体験をもつ生徒の予想を聞いたり航空地図から直感的に予想させ，それが正しいかどうか，どのような方法で確認できるかを考えさせたりした。小学校での内容（面積が計算できる形に見立てておよその値を求める，格子状に当てはめて求める等）で解決を図ろうとする生徒の意見を全体で確認しつつ，これまでの既習事項を用いてより詳しく求める方法を「個」及び「班（集団）」で検討させた。

　班での意見交換では，なかなか方向性が定まらない班が多かったが，配布した2つのパークの航空写真が重さの測量に適した厚紙で印刷されている点や，これまでの学習内容や「気付き」を書きためている振り返りシートを読み直すことで，「面積は厚紙の重さに比例する」という考えを導き出した。そして2つの写真を切り取って計量し（**図1**），また縮尺の目盛りをもとに作った正方形を計量した値から1㎡あたりの重さを求め，その値を比例定数とした$y=ax$を立式して面積を計算し，各班の方法と結果を全体で共有した。

(2) 成果と課題

　各班での話し合いでは「今までの学習で活用できそうなものはないか」や「地図上の縮尺を活用できないか」など自らの思考を積極

図1　計量をする様子

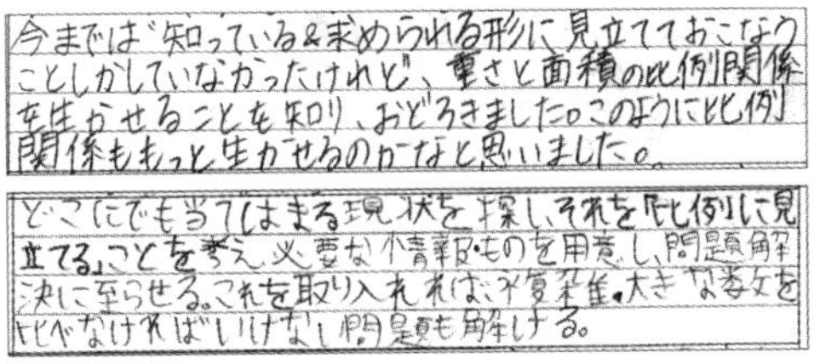

図2　振り返りシートの生徒の記述

的に外化し，必要な情報を取り出そうとする姿がうかがえた。また既習事項を糸口にして，実測しやすいものから問題解決を図る有用性の実感が読み取れる記述も，振り返りの中で多く見られた（**図2**）。授業者としてその「気付き」を評価しつつ，今後の実生活で出会うであろう多様な事象でも同様の着眼点をもとに解決を図っていくことを期待するコメントをした。そして比例以外の関数を用いた類題『電力（W）と加熱時間（秒）の反比例の関係』を行い，更なる学びの深まりと定着を目指した。

　自らの学びの深まりを知ることは，次の学びへの推進力となる。今後は，課題に直面する機会を意図的に多く設け，連続した学びの中で蓄積されてきた「気付き」をもとに，必要な要素を取捨選択して解決へと導き，自己効力感を高められるような授業・単元構成を目指していきたい。

　　　　　　　　　　　　（池田　純）

[資料]　資質・能力育成のプロセス（5時間扱い）

次	時	評価規準 ※（　）内はAの状況を実現していると 判断する際のキーワードや具体的な姿の例		【　】内は評価方法 及び Cの生徒への手だて
4	1	関	速さ，時間，距離の関係から，比例の考えを用いて問題の解決に生かそうとする。（○）	【ワークシートへの記述の確認】【行動の観察】 C：式の表し方など，既習事項を振り返らせる。 C：具体的な事象の中のともなって変わる二つの数量に着目させる。 C：数直線上で正負の数を表したときの内容が座標軸でも活用できないか考えさせる。
		技	具体的な事象を，比例のグラフを用いて表現をしたり処理をしたりすることができる。（○）	
	2	見	具体的な事象を，比例の見方や考え方を生かして調べ，問題の解決に利用していくことができる。（○◎） （A：キャップの重さと個数の比例関係を用いて，少ない個数の場合から全体の個数を推測する方法を導くことができる。）	【ワークシートへの記述の分析】【行動の観察】 C：ともなって変わる二つの数量に着目させ，どのように考えていくべきか見通しを持たせる。
		技	調べた結果から導いた比例関係を用いて，式などを活用して解くことができる。（○）	C：調べた結果がどのように活用できるか，比例の特徴を意識させて考えさせる。
	3	知	具体的な事象を，比例と見なすことで問題の解決に利用ができることを理解している。（○）	【ワークシートへの記述の確認】【行動の観察】 C：問題場面を把握させ，どのような情報が必要となるのか見当をつけさせる。
		技	調べた結果から導いた比例関係を用いて，式などを活用して解くことができる。（○）	C：比例の性質を振り返らせ，表や式などを用いて解く方法を考えさせる。
	4 ｜ 5	関	航空地図の重さと面積の関係に着目し，問題の解決に生かそうとする。（○）	【ワークシートへの記述の分析】【行動の観察】 C：問題場面を把握させ，どのような情報が必要となるのか見当をつけさせる。
		見	航空地図の重さと面積の関係が比例であることを判断し，それを用いて解くことが適切な方法であると説明できる。（○◎） （A：重さと面積の間に比例関係があるという仮説を立てて検証を行い，それが適切な方法であったかの振り返りをワークシートに記述している。）	C：既習事項で活用できるものがないか，ワークシート等を見直して振り返るように促す。
		技	調べた結果から導いた比例関係を用いて，式などを活用して解くことができる。（○）	C：調べた結果がどのように活用できるか，比例の特徴を意識させて考えさせる。

主たる学習活動	指導上の留意点・言語活動の質を高める工夫 （★：学びの自覚を促す工夫）	時
ともなって変わる二つの数量から導いた関数関係を用いて，課題を解決しよう。 【課題1】 学校から東へ2400m離れた公園まで，Aさんは自転車で，Bさんは同じ道を歩いて移動した。その様子を表したグラフをもとに，いろいろなことを調べよう。 ・（道のり）＝（速さ）×（時間）の関係を用いて，それぞれの速さを求め，式をつくる。 ・グラフが示す様々な情報を読み取る。 ・逆方向に進むCさんを加えることで，第4象限まで広がった座標平面の中で，さらなる情報の整理を行う。	・「2人のグラフからどのようなことがいえるか」という問いを与え，グラフ上のどこからどのような情報が読み取れるのかを自由に考えさせる。 ★ともなって変わる二つの数量から，比例かどうかの見極め方や立式の仕方や変域の考え方など，課題に取り組んだことによって得られた知識や技能について，後で確認しやすいようにワークシートにまとめさせる。	1
【課題2】 袋の中にあるペットボトルのキャップの個数を，数えないで調べよう。 ・キャップの個数の調べ方を個および集団（班，全体）で検討し，方針を定める。 ・実測したデータを用いて表や式などをつくり，キャップの個数を求める。	★数えることが難しいことを実感させ，どのような方法を利用して問題の解決を図るべきか，個での考えを記述させ，その後の集団での話し合いでどのような考えの変容が生まれたかをまとめさせる。 ★「比例と見なす」考え方や誤差の扱い方など，得られた知識や技能について同様にまとめさせる。	2
【課題3】 ポップコーンを買おうと並んでいる人の行列とチュロスを買おうと並んでいる人の行列がある。両方を買うのにかかる時間を調べよう。 ・問題解決に必要な情報は何かを個および集団（班，全体）で確認する。 ・それぞれの行列で購入に要する時間を表や式などを用いて求める。	・どのような情報があれば問題解決が図られるか着目すべき点を考えさせる。 ★得られた情報から比例関係を見いだし，それを活用して問題解決を図る過程を記述させ，関数の有用性を意識させる。	3
【課題4】 東京ディズニーランドと東京ディズニーシーの面積を比べると，どちらがどれだけ大きいかを調べよう。 ・東京ディズニーランドと東京ディズニーシーの航空地図を与え，既習の求め方の確認を行うとともに，それ以外の求め方を個および集団（班，全体）で検討し，方針を定める。 ・各班で実測したデータからそれぞれの面積を求めて，全体で発表を行う。 ・具体的な事象の中から二つの数量を取り出し，反比例の関係を用いて解決をする問題を扱う。	・小学校時の既習内容を用いた求め方の良さと課題にふれるとともに，課題1〜3での得られたここまでの学びを振り返り，問題解決に生かせる方法を個や集団で吟味する。 ・班で分担を決めて作業を行い，ワークシートを投影して全体発表を行う。 ★個で考えた方針が集団での話し合いによってどのように変容していったか，そして解決に向かう過程の中でその都度根拠として用いたものは今までの学びのどこで得たものだったか，一連の流れの中での思考の動きを記述させる。	4 ｜ 5

数学科 実践例②

1 題材で育成したい数学科の資質・能力

具体的な場面から共通点や相違点を考察し，式が成り立つ条件を探究する力

2 題材について

1年生の代数領域では帰納的に考えたことを文字を使って一般化し演繹的に説明することを，幾何学領域では根拠となる図形を意識することを指導した。その成果があり，根拠を明確にしながら考えることに慣れてきたと感じている。2年生では今分かっていることを自覚化させ，演繹的な考えをさらに深い学びへとつなげていけるようにしたい。

本題材は，学習指導要領〔第2学年〕2A（1）イウにあたり，数量の関係を文字を用いた式で表したり，目的に応じて簡単な式を変形したり，またそれらを説明できたりすることを学ぶ内容である。具体的には，「$85-49=94-58$」のように，逆から読んでも両辺が等しくなるような数式（回文数式）を紹介し，回文数式になる場合とならない場合を考察させる中で共通点や相違点を発見させ，回文数式になる条件を考えさせていく。生徒の主体的な数学的活動を通して，条件を発見し証明したり，条件を導いたりすることで，演繹的な考え方の楽しさや等式変形の有用性を認識できるようにすることをねらいとした。

3 単元の学びを支える指導事項（◎特に身に付けたい力，・機能的習熟を目指す事項）

◎文字を用いた式で数量及び数量の関係をとらえ説明する力。

• 簡単な整式の加法，減法及び単項式の乗法，除法の計算をすること。

• 目的に応じて，簡単な式を変形すること。

4 学びの実現と自覚への指導の工夫

(1)「見通す・振り返る」学習活動

自らの学びを自覚するには，様々な事象に生徒が主体的に向き合い，これまでに身に付けてきた知識や今の時点で考えられる自分の意見と，他者の考え方を，協働的な学習を通して比較検討する活動が必要だと考えている。そのような授業の工夫として大切なことは，単元を貫く課題を明確に設定して，「見通す・振り返る」学習活動を効果的に取り入れ，その活動を体験することである。本単元第9時の展開においては，条件の見通しをもたせるために具体的な事象で考察させたり，条件がある場合の証明の仕方を振り返ったり，課題解決後には問題設定を変更しても同様なことが示せないかなどを考えさせたりするなど，適切に「見通す・振り返る」学習活動を盛り込む。

(2)「個」と「集団」を往復する学習活動

生徒の多様な意見を保障し，建設的な意見交換を促すことによって，生徒個々の思考を深められることが協働的な学習活動の利点である。一方で，仲間との話し合い活動のみで授業が終わると，生徒個々の考えの練り直しや課題に対する最終的な自己の意思決定が曖昧なまま学習活動を終えてしまう危険がある。そこで，協働的な学習活動の後には，必ず「個」に戻り，各自の中に構築された学びを表現する活動を取り入れたい。例えば本単元第9時では，成り立つ条件の探究を協働的に学ぶ前後で，自分の考えがどのように変容したかをまとめさせる作業である。また，「個」のまとめの中で，新たに見いだされた疑問点や今後有効に働きそうな「プロセスに関する知識」を整理させてもよい。

（3）学びの自覚につながるワークシート

　学びを視覚的に自覚化するために，ワークシートへの記述のさせ方を工夫することが考えられる。本単元第9時では，各自が自分で考えた部分を鉛筆で記述し，グループで議論して明らかになった部分を色鉛筆で記述させた。こうすることで自分の学びを視覚化しやすくなる。また，単元を貫く課題に迫る記述ができるよう，ワークシートの質問を工夫した。

5　授業の実際（特に第9時について）

　第2学年第1章「式と計算」の単元において，課題「差の回文数式を解明しよう」を行った。準備段階として，次のことを前時で行っておいた。まず，2桁の減法において，$85-49$ と $94-58$ はともに36で等しいことを確認し，$85-49=94-58$ のような数式を回文数式ということを紹介した。そして，回文数式の例を他にも探してくることを宿題とした。その直後の休み時間から，新たな回文数式を探す姿が多くみられ，意欲を高めることができた。

　本時は3つの段階に分けて進めた。第1段階では，回文数式となる例とならない例をいくつか発表させ（表1），いつでも回文数式になるわけではないことを確認した。

　第2段階では，回文数式になる場合の左辺

表1　回文数式になる例とならない例

① $81-36=63-18$	④ $96-73 \neq 37-69$
② $38-29=92-83$	⑤ $53-34 \neq 43-35$
③ $13-22=22-31$	⑥ $92-11 \neq 11-92$
（左辺）＝（右辺）	（左辺）≠（右辺）

表2　生徒から出された左辺の条件

⑦ 減数が被減数の回文数の倍数	
⑧ $a-c=-(b-d)$	被減数の十の位を a，
⑨ $a+b=c+d$	一の位を b，
⑩ $a-d=-(b-c)$	減数の十の位を c，
⑪ 式の値が9の倍数	一の位を d

の条件を考えさせ（表2），仮説を立てさせた。出された意見を整理していく過程で，⑦は①でしかあてはまらず不適切であること，⑧～⑩は同値であることに気付いた。また，⑪は⑥が反例となり条件としては不適切であるが，回文数式になる場合は必ず⑪も成り立っているため，「⑧⑨⑩⇒回文数式になる⇒⑪」と言えるのではないか，とまとまった。

　第3段階は，⑧～⑩の中から⑨を選び，『⑨ならば回文数式となる』ことの証明である。証明することの焦点を明確にするため，

　（左辺）＝ $(10a+b)-(10c+d)$

　（右辺）＝ $(10d+c)-(10b+a)$

が等しくなることを示すことが目的であると確認してから始めた。まずは各自で考えた後，グループで議論させた。$(10a+b)-(10c+d)=(10d+c)-(10b+a)$ を等式変形し，$a+b=c+d$ を導く考えも出てきたが，等しいと分かっていない数が等しいと仮定されていることを指摘し考え直させた。※1 次第に議論が深まり，⑧や⑩を用いることで，（両辺）$=9(a-c)=9(b-d)$ が示せ，両辺が等しく，⑪も示せたことに生徒も満足している様子だった。なお，全体で共有しきれなかった考え方は次時で紹介した。図1は，生徒Aが「証明が苦手な人に自分がつかんだ証明のコツをアドバイスするとしたらどんなこと？」に対して記述したものである。自分が理解したことを言語化することで，学びの自覚につながっている。

> まず，式を立てて，次に代入や同類項をまとめたりして，式を小さくして，最終的に仮説の形にもっていくといいよ。
> いきずまった場合には，仮説が成り立つものとして「＝」などでつないで，式をたてていくといいよ。

図1　生徒Aの記述

※1　実際は同値変形しか用いておらず，数学的に正しい証明なので，次時に説明した。

（関野　真）

時	評価規準 ※（　）内はAの状況を実現していると 判断する際のキーワードや具体的な姿の例		【　】内は評価方法 及び Cの生徒への手だて
1 ― 5	関	文字を用いて表現したり，目的に応じて式を変形したり，その意味を読み取ったり，計算したりすることに関心をもち，命題が成り立つことなどを説明しようとしている。（○）	【ワークシートへの記述の確認】【授業中の発言】 C：具体的な場面で検証し，共通点に考えさせる。
	見	文字を用いて表現することができる。（○）	【ワークシートへの記述の確認】 C：文字に当てはまる数（偶奇や範囲など）と，証明結論にあわせた式の形を考えさせ，証明の見通しをもたせる。
	技	具体的な場面で，数量を表す式や関係を表す式を，目的に応じて変形することができる。（○）	【ワークシートへの記述の確認】 C：結論に合わせた式の形を考えさせる。
	知	数量及び数量の関係を帰納や類推によって捉え，それを文字を用いた式を使って一般的に説明することの必要性と意味を理解している。（○）	【ワークシートへの記述の確認】 C：文字に様々な数を代入し確認させる。
6 ・ 7	技	文字を用いた式の意味を読み取ることができる。	【ワークシートへの記述の確認】 C：成り立つ事柄の適用範囲を考えさせる。
8 ・ 9	見	目的に応じて式を変形したり，その意味を読み取ったりして，命題が成り立つことなどを説明することができる。（◎） （A：両辺を見比べ，両辺が等しくなることを示すために必要な等式変形を行うことができる。）	【ワークシートへの証明部分の記述の分析】 C：式の変形が行き詰まる時点での式と示したい内容の式，また条件の関係を考えさせる。
	関	文字を用いて表現したり，目的に応じて式を変形したり，その意味を読み取ったり，計算したりすることに関心をもち，命題が成り立つことなどを説明しようとしている。（◎） （A：和や積，商についても，また桁数を変更しても回文数式になる場合があるか，考察しようとしている。）	【ワークシートへの振り返りの記述の分析】 C：自分が苦労した場面について，グループからもらったアドバイスなどを考えさせる。
10 ・ 11	見	文字を用いて表現したり，その意味を読み取ったりして，命題が成り立つことなどを説明することができる。（◎） （A：文字の大小関係や，数量を表した式から，判断するために必要な処理を行うことができる。）	【ワークシートへの記述の分析】 C：式の変形が行き詰まる時点での式と示したい内容の式，また条件の関係を考えさせる。

主たる学習活動	指導上の留意点・言語活動の質を高める工夫 （★：学びの自覚を促す工夫）	時
数の性質を証明しよう 問題1　連続する3つの奇数の和について仮説をつくり，証明しよう。 問題2　2桁の自然数から，その各位の数を入れ替えた自然数をひいた差について仮説をつくり，証明しよう。 問題3　問題1か問題2の設定を変更し，新たに得られた仮説を証明し，少人数で伝え合おう。 問題4　連続する2つの整数の積が偶数になることを証明しよう。	• 文字の置き方が違う2つ証明を発表させ，共通点や相違点を考えさせる。 ★結論に合わせて意識的に式を変形する必要性に気付かせる。 ★具体的な事例から共通点を考察させることが仮説をつくるうえで大切であることを気付かせる。 • すべての場合を考えるには，場合分けが必要になることがあることに気づかせる。	1 — 5
証明を読もう 問題5　（要求された範囲より広い範囲で証明した）太郎の証明と（要求された範囲で証明すべきという）次郎の指摘の正当性を検討しよう。 問題6　証明の続きを考えよう。	★証明を読み，成り立つ事柄の適用範囲を考えさせる。 • 証明を読み取り，証明の道筋を考えさせる。	6 ・ 7
条件付きの証明を考えよう 問題7　4桁の自然数において，各位の数の和が3の倍数ならばその自然数が3の倍数であることを証明しよう。 　問題8　回文数式が成り立つ条件を考察し，証明しよう。 　①差の回文数式になる場合とならない場合の例を挙手で発表する。 　②回文数式になる場合の共通点を考察し，「回文数式になる左辺の条件」を考えて発表する。 　③仮説を全体で共有し証明する。（個⇒班） 　④証明を全体で共有する。 　⑤「事実について分かったこと」「事実についてさらに調べたいこと」「有効に働きそうな方法」を記述する。	★条件の意味を考えさせ，証明の中で使えるものであることに気付かせる。 ★具体的な事例から共通点や相違点を考察させ，仮説をつくり，証明させる。 ★自分の記述と協働的に考えた記述のペンの色を変えさせる。 ★グループ討議では協働的な自覚化を目指し，誰もがグループの意見を説明できるように指導する。	8 ・ 9
図形の性質を証明しよう 問題9　横長の長方形を巻いて円柱の側面をつくるとき，縦に巻く場合と横に巻く場合の体積について調べよう。 問題10　正方形に1つの円が内接する場合の円の面積と同じ正方形に9つの小さい円が内接する場合の円の面積について考察しよう。	★文字の当てはまる数の大小関係に気付かせ，考察に生かさせる。 ★解決した生徒には、設定を変えても同様の仮説が証明できるか考察させる。	10 ・ 11

数学科 実践例③

1　単元で育成したい数学科の資質・能力

具体的な事象から関数関係を見いだし表現し考察する力

2　単元について

〔第３学年〕C関数では，具体的な事象の中から二つの数量を取り出し，表，式，グラフを相互に関連付けながらそれらの変化や対応を調べることを通して，関数 y=ax² について変化の割合やグラフの特徴など理解を深めるとともに，関数関係を見いだし表現し考察する。本小単元「関数の利用」では，日常生活や社会には既習の関数では捉えられない関数関係があることを指導する。

主となる題材として「パラボラアンテナ」を扱う。パラボラアンテナの「対称軸に対して平行に入射した信号は焦点に同時に届く（図１）」という原理を利用して，「線を反射させ（折り返し）て１つの点に集めるにはどうすればよいか」という問いから曲線状に点をプロットしたような図を見いだす。それを曲線とみなして座標平面上にあるグラフと捉え，式や表との関連性を認めて理想化，単純化して考えることによって関数 y=ax²（場合によっては二次関数）であることを表や式で表すことで既習の言葉などを用いて記述し，説明する活動を通して事象の考察を深めていきたい。

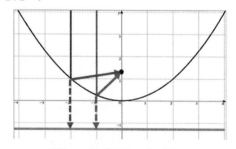

図１　パラボラアンテナの原理

3　単元の学びを支える指導事項（◎特に身に付けたい力，・機能的習熟を目指す事項）

◎関数 y=ax² について表，式，グラフを相互に関連付けて理解し，表現する力。

・データを理想化・単純化することで，関数とみなすことができる。

4　学びの実現と自覚への指導の工夫

（1）生徒が追究する必然性のある単元構成

生徒に課題を解決しようとする意欲を持たせ，学習活動を充実させるために，日常生活や社会の中にある関数関係と捉えられる課題を複数設定し，単元を構成する。身の回りにある事象を関数とみなせるかどうかを判断し，解決の手立てを見通す中で必要となりそうな知識・技能を取捨選択しながら問題の解決に向けて学習を進めていくことで生徒の思考を広げることができる。

（2）「見通す」学習活動の位置付け

具体的な事象から関数関係にある２つの数量を取り出し，それらの変化や対応を調べることを通して「x の値が m 倍になると y の値が m^2 倍になる」関係があることを見いだす。そうすることで，その関係を文字を用いた式で表したり，対応する変数の変化の割合をグラフに表現したりするなど，表，式，グラフを相互に関連付けながら思考していくことに繋がる。

（3）継続的な学習を理解し，深めていく手立ての工夫

生徒が自己の理解を深め，また新たな課題に対して主体的に取り組み，思考を発展させられるように，単元のまとめシートを作成する。課題解決の場面で確認し，既習内容を振り返ることで課題解決に向けた見通しを立て

たり，答えの予測をしたりすることで単元で課題ごとに学習してきた内容をひとつながりの学習として捉え，次の学習に向かうことができる。

5　授業の実際
(1) 第13時の実践報告
　最初に同一方向に複数の平行線をひいた紙上に任意の点（焦点）を1つとる。その線を反射させて焦点に集めさせるための反射点を見いだし，点を繋いでできる曲線をグラフとみなす活動を行った。（図2）

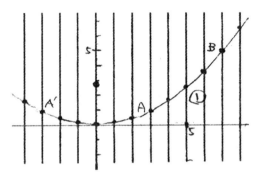

図2　平行線の反射点を繋げたもの

　次に，どういった関数で表現できるかを考えている中で「グラフで表すことができたのだから表や式でも表すことができるのではないか」という意見が出始め，まず表を作成して変化の特徴を捉え，変化の仕方や曲線の形から放物線とみなすことで$y=ax^2$の式で表すことができた。班によっては「表から変化の仕方を考える際の値を近似させてもいいのか」や「近似させる場合の誤差はどの程度まで考えるのか」等の議論が生じ，全体でその議論を共有，確認することで思考を促すことに繋がった。
　確認の場面ではPCソフトのGeoGebraを使用し，曲線がどういった関数のグラフとして表すことができるのか，また，どの関数として考えるのが適切なのかを確認しながら議論させた。

(2) 生徒の学びを見取るために
　4－(3)に記した通り，本単元ではまとめシートの作成を行った。単元の最初に1，2年で学習した関数についてのポイントをまとめさせ，1つの題材が終わるごとに新たに学習したことや課題解決のポイントになったことなどを書き加えていくものである。（図3）こまめに内容をまとめていくことで必然的に学習内容を振り返る場面が設定でき，新たな課題解決の場面においても既習内容を振り返ることで理解を深めたり，誤った理解を修正したりしながら課題解決に向かうことができる。

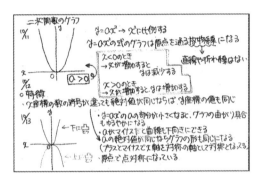

図3　まとめシートの一部

　生徒からも「1枚のプリントにまとめていくことで学習したことの整理ができる」や「まとめるときに分からないことなどがあると，もう一度復習するきっかけになった」などの意見が多く，生徒も前向きに学習に臨めていたと考えられる反面，毎回の授業の感想を書いて終わっている生徒なども少なくなかった。着目させるポイントや書き方などを指導していくことはもちろん，学習のねらいに添うようにまとめシートの形式を検討していく必要性を感じた。

（大矢　周平）

[資料]　　資質・能力育成のプロセス（15時間扱い）

次	時	評価規準 ※（　）内はAの状況を実現していると 判断する際のキーワードや具体的な姿の例		【　】内は評価方法 及び Cの生徒への手だて
1	1 │ 2	関	課題解決に必要になりそうな数学的要素に考えようとしている。	【行動の観察，ワークシートへの記述の確認】 C：実際の場面を想起させる。
		関	関数 $y=ax^2$ に関心をもち，データを一次関数や関数 $y=ax^2$ で捉えようとしている。（○）	【行動の観察，ワークシートへの記述の確認】 C：表から関係を見いだす際の視点を振り返らせる。
		知	現実的な事象の中には，関数 $y=ax^2$ で捉えられるものがあることを理解している。（○）	【行動の観察，ワークシートへの記述の確認】 C：データは理想的な値とは限らないことに言及する。
	3 │ 5	技	関数 $y=ax^2$ の関係を表，式，グラフで表すことができる。（○）	【行動の観察，ワークシートへの記述の確認】 C：一緒に表を丁寧にかかせてグラフをかかせる。
		見	関数 $y=ax^2$ の特徴を，表，式，グラフを相互に関連付けて見いだすことができる。（○）	【行動の観察，ワークシートへの記述の確認】 C：誘導して特徴に気付かせ，なぜか考えさせる。
		知	関数 $y=ax^2$ の特徴，及び2乗に比例することの意味を理解している。（○）	【行動の観察，ワークシートへの記述の確認】 C：関数 $y=ax^2$ の特徴と練習問題の関連に気付かせる。
	6 │ 9	見	2つの変数の関係が一次関数や関数 $y=ax^2$ とみなせるかどうかを判断し，その変化や対応の特徴を捉えることができる。（○）	【行動の観察，ワークシートへの記述の確認】 C：みなせない生徒には変域に分けて考えさせる。 C：捉えられない生徒にはグラフの形に着目させる。
		知	関数 $y=ax^2$ の変化の割合と変域の意味について理解している。（○）	【行動の観察，ワークシートへの記述の確認】 C：表やグラフの概形をかき，個別に説明する。
		技	関数 $y=ax^2$ の変化の割合や変域を求めることができる。（○◎） （A：煩雑な処理における手際のよさ）	【小テスト】 C：小テスト返却時に解き方の確認する。
2	10 │ 12	見	具体的な事象における2つの数量の関係が関数 $y=ax^2$ であるかどうかを判断し，その変化や対応の特徴を捉えることができる。（○）	【行動の観察，ワークシートへの記述の確認】 C：過去のワークシートを振り返り，関数 $y=ax^2$ の特徴が使えないかを考えさせる。
		技	問題の解決のために，関数 $y=ax^2$ の関係を表，式，グラフに表現したり，処理したりすることができる。（○）	【活動の観察，ワークシートへの記述の確認】 C：表，式，グラフのどれで表せばよいかを考えさせて，補助しながら自分で表現・処理させる。
	13	関	関数 $y=ax^2$ を用いて具体的な事象を捉え説明することに関心をもち，問題の解決に生かそうとしている。（○）	【行動の観察，ワークシートへの記述の分析】 C：個別に説明し，問題を理解させる。
		見	現実的な事象における2つの数量の関係を理想化・単純化して関数 $y=ax^2$ とみなし，それらの変化や対応の特徴を表などに表して説明することができる。（○◎） （A：$y=ax^2$ とみなす現実的な解釈の説明，重解条件への気付き，よりよい解決に向けて必要な検討事項の記述）	【行動の観察，ワークシートへの記述の分析】 C：既習の関数について変化や対応の特徴を確認させる。
	14 │ 15	見	具体的な事象の関数関係を既習のものと比較し，特徴を捉えることができる。（○）	【ワークシートへの記述の確認】 C：表で具体的に確認していく。
		知	具体的な事象には，既習の関数関係と異なるものがあることを理解している。（○）	【ワークシートへの記述の確認】 C：個別に既習の関数と特徴を比較させる。

○は主に「指導に生かすための評価」，◎は主に「記録するための評価」

主たる学習活動	指導上の留意点・言語活動の質を高める工夫 （★：学びの自覚を促す工夫）	時
ボールが斜面を転がり落ちる様子を1秒ごとに計測した。ボールが転がり始めてからの時間と距離の間にはどんな関係があるだろうか。 • データ（時間と距離）の関係を調べる。 • 身の回りには $y=ax^2$ で表される事象があることを知る。	• 関数 $y=ax^2$ で捉えられる根拠を記述すると共に，視覚化を促す。 • データの小数で扱い方について周囲との意見交換を促す。 ★単元シートのまとめ	1 ― 2
関数 $y=ax^2$ の特徴を明らかにしよう。 • $y=2x$ と $y=2x^2$，$y=\frac{1}{2}x^2$ と $y=2x^2$ の表，グラフを比較して，特徴を見いだす。その特徴と理由を説明する。 • 見いだした特徴が他の関数 $y=ax^2$ で成り立つか調べる。 • 関数 $y=ax^2$ の特徴についての練習問題に取り組む。	★特徴を見いだすことができるように，共通点と相違点に着目することを全体で共有する。 ★単元シートの確認 • 理由は，表，式，グラフを関連付けて説明させる。 • 短時間のワークシートを基に，意見交換を行い，表現の修正や加筆を促す。 ★単元シートのまとめ	3 ― 5
自由落下運動を観察してみよう。 • 落ち始めてからの時間と落下距離の関係を調べ，表現する。 • 変化の割合や平均の速さを調べる。 • 平均の速さから，速さの変化の様子を説明する。 • 関数 $y=ax^2$ の意味や特徴，変化の割合についてまとめる。	★自由落下運動をどのような関数で近似できるかを予想する活動を設定する。 • 自由落下運動の平均の速さから，変化の割合の意味を考えさせる。 ★単元シートの確認 • 視覚的に考察させる為に，グラフの概形をかかせる ★単元シートのまとめ • 小テストを設ける。	6 ― 9
関数と図形との関連について考えてみよう。 • 長方形などにおける動点の問題や求積や面積比の問題など，関数のグラフや軸で囲まれた領域を図形として見る問題に取り組む。 携帯電話の通話料金を設定しよう。 • 表やグラフから関数 $y=ax^2$ とみなしてよいかを考える。	★点が動くことによって，図形にどのような変化が起こるか予想する活動を設定する • 関数と方程式の関連について，2年次の学習を振り返る活動を設定する。 ★単元シートの確認 • 問題の解決の過程を振り返り，問題の解決で有効に働いた考えや解き方のポイントを記述させる。 ★単元シートのまとめ	10 ― 12
同一方向に平行に引かれている直線を反射させて一点に集めるにはどうすればよいか • 関数といえる方法を話合い記述する。（以下，反応予想） 　S：グラフに見立てて点をプロットし，x座標とy座標の関係を調べてみよう。 　S：点をプロットして繋いでみたら放物線になりそうだ。 • 他者の考えや新たな気付きを加筆する。 • よりよい解決に向けて必要な検討事項を記述する。	★問題解決に生かすことができそうな既習内容を振り返る。 ★点を繋いでできる線の形状をどのような関数で近似できるかを予想する活動を設定する。 • 他者の考えや新たな気づきを踏まえ，再度自分の考えをまとめるように促す。 ★問題の解決の過程を振り返り，問題の解決で有効に働いた考えや解き方のポイントを記述させる。	13
身の回りには，他にどんな関数があるのだろうか。 • 宅配便の料金設定等，既習の関数関係にない事例についての問題に取り組む。	★事象とグラフの関連性を中心にして，特徴を考察させるようにする。 • 3年間の関数の学習を振り返り，身に付けた力等に関するまとめを記述させる。	14 ― 15

1　理科で育成する資質・能力と実現したい生徒の学ぶ姿

　『審議のまとめ』では，理科で育成する資質・能力について「知識・技能」「思考力・判断力・表現力等」「学びに向かう力や人間性等」の三つの柱に沿って，次のように整理された。

　　「知識・技能」では，自然の事物・現象に対する概念や原理・法則の理解，科学的探究や問題解決に必要な観察・実験等の技能。

　　「思考力・判断力・表現力等」では，科学的な探究能力や問題解決能力。

　　「学びに向かう力や人間性等」では，主体的に探究しようとしたり，問題解決しようとしたりする態度。

　本年度理科では，理科における資質・能力を育んでいくために，主体的・協働的な学習過程において，見通しをもって観察・実験を行う姿，観察・実験から得られた結果を分析し解釈し，科学的な根拠を基に自らの考えを表現する姿，探究の過程における妥当性を総合的に振り返る姿，等を目指し授業実践に取り組んだ。

2　学びの自覚につなげるための指導の工夫

　理科における資質・能力を育成するためには，学習過程の果たす役割が極めて重要であると考える。さらにその学習の過程一つひとつを学習者自身が把握し自覚できるようにしていくことが大切である。

(1)「見通す・振り返る」学習活動の充実を図る

　科学的な探究の過程を「見通す」学習活動を設け，学習過程の自覚を促す。具体的には，課題に対する仮説を考えさせたり，結果の予想をさせたり，これまでに習得した知識や技能を活用して実験の計画を立てさせたりする。見通す学習活動を通して，課題を自分ごととして捉えた，主体的な学習を促していきたい。

　また，科学的な探究の過程を「振り返る」学習活動を設定し，学びの自覚を促す。具体的には，課題解決に至るまでの探究過程（問題発見・課題の設定，観察・実験の計画・実施，観察・実験の結果と考察，結論とまとめ）を整理し，レポートにまとめることである。そして，観察・実験結果を根拠として導かれた結論を明らかにし，科学的な概念を構築させる。特に重視したいのは，行動の振り返りだけではなく，認知の振り返りを意図的に設定することである。行動の振り返りだけでは，反省に終始してしまい，自分の成長を実感することができず，形骸化してしまう恐れがある。そこに，認知の振り返りを意識的に入れるようにする。つまり，最初はこれしかわからなかったが，単元の終わりにはこれだけのことがわかるようになった，と振り返らせる。それによって，自分の成長や変容を自覚することができる。成長や変容を自覚することは，学ぶ意義を見いだすことにつながり，意欲の向上につながると考えられる。

(2) 科学的な探究の過程を重視した問題解決学習の充実を図る

　理科における問題解決学習では，自然の事物・現象に目的意識をもって観察・実験を行い，科学的に探究する過程を重視して指導することが大切である。問題解決学習を推進するためには，「問題を見いだし観察，実験を計画する学習活動」「観察，実験の結果を分析し解釈する学習活動」「科学的な概念を使用して考えたり説明したりするなどの学習活動」のより一層の充実が必要となる。

　科学的な探究の方法とは，物事を調査し，結果を整理し，新たな知見を導き出し，知見の正しさを立証するまでの手続きであり，科学的な探究過程を経ることが，規則性や法則性を自己の中で納得させ知識や概念を構築していくことにつながる。

(3) 言語活動を伴った協働的な学びの充実を図る

　学びの自覚には，双方向性のある，協働的な学びが有効である。これは，他者と比べることで，自己を振り返ることができるからである。自分の考えを自覚できることは，自己の理解を深め広げることにつながる。また，その際には，協働的な学びを促す必然性のある課題設定も大切である。

　課題の把握（発見），課題の探究（追求），課題の解決という探究の過程の中に，意図的・計画的に言語活動を取り入れる。具体的には，記録，要約，説明，論述，討論，発表といった言語活動を通して，思考の可視化をしていく。

3　生徒の学びをどう解釈するか

　学びの自覚につなげるための授業デザインを行う際には，学習による変容を学習者自身が具体的な内容を通して可視的に自覚できるようにすることが大切である。それと共に，指導者はそこから生徒の学びを見とり，指導に活かす評価に活用することが大切である。科学的な探究の過程における子供の姿の見とりの視点として以下のことが考えられる。

- 「仮説の設定」…見通しを持ち，検証できる仮説を設定しているか。
- 「実験の計画」…仮説を確かめるための観察・実験の計画が立てられているか。
- 「考察・表現」…仮説や探究過程の妥当性の検討。全体を振り返っての推論や，改善策の検討がされているか。科学的な根拠を基に表現できているか等。

　上記のような学習場面において，つまずいている生徒やグループには，アドバイスをしたり，考えていることを言語化させたりすることで，思考を整理させる。また，良い考えや他者とは違った視点で事物や現象を捉え表現している場合には，全体で共有することにより，思考の広がりを促すことができる。

4　これからの実践に向けて

　学びの自覚を促すことは，科学的な探究の過程の一つ一つを生徒にとって意味あるものにすることにつながる。また，自らの変容を自覚することは，自分の成長を実感することにつながり，学習の価値を創出することにつながる。

　前述した指導の工夫を意図的・計画的に授業に取り込み，生徒の姿を基に，指導や評価のあり方を再考し，改善し続けていくことが今後も大切である。

理科　実践例①

1　単元で育成したい理科の資質・能力

　力や圧力に関する現象を科学的な視点で捉え，探究する力

2　単元について

　理科の本質は，理科における見方や考え方を養うことである。具体的には，観察・実験などから得られた事実を客観的に捉え，科学的な知識や概念を用いて合理的に判断するとともに，多面的，総合的な見方を身に付け，日常生活や社会で活用できるようにすることである。

　本単元「第1分野　（1）身近な物理現象　イ　力と圧力　（イ）圧力」は，圧力についての実験を行い，圧力は力の大きさと面積に関係があることを見いだすこと，また，水圧や大気圧の実験を行い，その結果と水と空気の重さを関連付けて捉えることがねらいである。

　単元での学習を通して，力や圧力を量的にとらえる概念の構築を図るとともに，科学的な探究の過程を通して，思考力・表現力を身に付けさせたい。

3　単元の学びを支える指導事項（◎特に身に付けたい力，・機能的習熟を目指す事項）

- ・様々な力や力のはたらきについて説明することができる。
- ・力を矢印によって図示することができる。
- ・力の大きさとばねの伸びについて実験を行い，その関係について説明することができる。
- ◎圧力や気圧，水圧の概念について理解し，説明することができる。

4　学びの実現と自覚への指導の工夫

（1）生徒の身近にある事物・現象を題材とした授業展開

　学習活動に対する関心を高めるため，身の回りの事物・現象と力や圧力の関連を実感させる工夫をする。具体的には，ばねばかりのように身の回りで利用されている器具にフックの法則の概念が活用されていたり，画びょうやスキー板のように圧力の概念が活用されていたりすることを題材にする。

　力や圧力といったものが，教科書で扱われているだけでなく，実生活に生かされているということを知り，身の回りで起きる現象にどのような力の概念が関係しているか興味や疑問を持つ意識を育成したい。

（2）科学的な探究の過程を重視した課題解決型学習

　習得した知識を活用して事物，現象について探究する姿勢を育むため，本単元で学習した知識を活用できる課題設定をする。具体的には，単元の終わりに「絹豆腐を支えられるもっとも少ないつまようじの本数は何本か」（課題A），「スパイ映画のようにビルの窓ガラスを上るために必要な吸盤の大きさは何 cm² か」（課題B）という2つの課題を設定する。本単元の学習を通して習得した知識や概念を活用し，課題解決を行うという活動を通して，さらに深い知識を得たいという学習意欲を持たせたい。また，自分で仮説を立て，実験方法を考えて検証を行い，結論を導き出すという過程を経ることによって，様々な学習活動で得た知識を用いて，事物，現象を探究する姿勢を育てたい。

（3）協働的・対話的な学習活動

　科学的な思考力・表現力を高めるために，協働的・対話的な学習活動を行う。具体的に

は，実験をする前に個人で予想を立て，その予想をグループ内で話し合いながら実験方法を考えたり，実験から得られた自分の考えをグループで共有しながら考察をしたりする活動を設定する。その中で，個人のアイディアを出し合い，修正を加えつつグループとしての考えをまとめていく。そうすることによって，個人の学習活動では気付きにくい自己の知識や概念の不十分な部分を改善し，自分の考えをより妥当なものにしていく。

5　授業の実際

　本単元では，観察，実験を通して圧力や水圧，気圧について学習した。単元の終わりに課題A，Bを実施した。

　導入では，生徒の興味関心を高めるため，圧力の導入で実施した"プリンをつまようじで支える実験"の写真や，ビルの壁を上る映画のワンシーンの写真を提示した。その後，2つの課題を提示し，クラスの半分は課題Aに，もう半分は課題Bに取り組むようにした。

　まず個人で予想を立てさせ，その後にグループ内で予想を発表しあい，グループとしての予想と実験方法の計画を立て，ホワイトボードにまとめさせた（図1）。課題Aに取り組んだグループでは，絹豆腐に1本のつまようじが刺さるときに必要な力の大きさを求めて，質量150gの絹豆腐を支えるために必要なつまようじの本数を予想している姿が見られた。

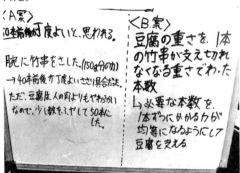

図1

　課題Bに取り組んだグループには，はじめに気圧が1013hPaの日に体重50kgの人間が壁を上るという設定を伝え，吸盤が壁に貼りつく科学的原理を説明し，その根拠をもとにビルを上るために必要な吸盤の大きさを予想させるようにした。

　その後，グループで立てた実験計画に従って予想の検証を行った。課題Bでは面積と力の大きさの関係に着目し，理科室にある吸盤の大きさで何kgに耐えられれば良いという仮定をして，実際に窓ガラスに吸盤を貼りつけ，おもりやペットボトルなどで力をかけていく実験を行う姿が見られた（図2）。

図2

　検証を行った後は，実験の結果からわかったことをレポートにまとめさせた。また，自分たちが行った課題について，自分たちとは異なる課題に取り組んだグループに発表をする活動を行った。自分たちが考えた予想や実験方法，実際に実験をしてみてわかったことや実験結果が予想通りでなかった原因などを，学習した圧力や気圧に関する知識を用いて他者に説明する姿が見られた。自分が学習した内容を整理し，科学的概念を構築させることができた。

　最後に，課題への取り組みの中で自分が学習してきたことをどのように活用できたかという振り返りを行った。この中で，本単元で学習した内容を生かすことができたという記述が見られた。

（神谷　紘祥）

　　資質・能力育成のプロセス（16時間扱い）

次	時	評価規準 ※（　）内はAの状況を実現していると 判断する際のキーワードや具体的な姿の例		【　】内は評価方法 及び Cの生徒への手だて
1	1	関	身の回りの現象から，力の働きについて考えようとする。（○）	【行動の確認】 C：力が働く現象を見せて，考えさせる。
	2 | 5	技	ばねに加わる力の大きさとばねののびの関係について実験し，結果をグラフにまとめることができる。（○○） （A：測定値の誤差を考慮してグラフをまとめることができる。）	【ワークシートの記述の分析】 C：教科書でグラフのかき方を確認させる。
	6 | 8	技	物体に働く力を矢印を使って表すことができる。（○○） （A：作用点を正確に捉えて矢印を描くことができている。）	【ワークシートの記述の分析】 C：力の三要素が何か確認させる。 　　作用点がどのように決まるか確認させる。
	9	知	圧力について説明することができる。（○）	【発言の確認】 C：力と面積の関係について教科書で確認する。
	10 | 12	思	実験の結果から，水中で物体に働く力の大きさについて説明できる。（○○） （A：図を用いて，力を表す矢印の長さを考慮して説明できる。）	【ワークシートの記述の分析】 C：実験結果を映像で見せ，水深による水圧の違いを確認させる。
		思	実験の結果から，浮力がなぜ働くのか説明できる。（○○） （A：科学的な概念を活用して，わかりやすく正確に説明できる。）	【ワークシートの記述の分析】 C：実験結果から，物体の上と下に働く水圧の差に注目させる。
2	13 | 16	関	仮説を検証するための実験方法について積極的に考えようとしている。（○）	【発言の確認】 C：条件を整理し，必要な項目を確認させる。
		思	圧力についての科学的な見方をもち，自分の考えを表現している。（○○） （A：科学的な根拠や概念を明らかにして，論理的にわかりやすく説明している。）	【発言の確認】【記述の分析】 C：既習事項を確認させ，科学的な根拠を挙げられているか，論理的な説明になっているかを確認させる。
		知	圧力に関する事物・現象についての基本的な概念や原理を理解し，身に付けている。（○○） （A：正確に説明している。）	【発言の確認】【記述の分析】 C：既習事項を確認させる。

主たる学習活動	指導上の留意点・言語活動の質を高める工夫 （★：学びの自覚を促す工夫）	時
• 身の回りの現象から力の働きについて考える。	• うでずもうなど，身近な現象を例に挙げ，力の働きについて考えさせる。	1
• ばねに働く力の大きさとばねの伸びの関係について調べる実験をし，力の大きさとばねの伸びについての法則を見いだす。	• 各グループの結果を共有し，測定値には誤差が含まれることを踏まえて，法則を見いださせる。	2 ― 5
• 矢印を用いて，物体に働く力を表す。 • 力についての問題を作成し，周囲に解説する。	• 力の三要素を矢印で表す活動であるということを意識できるようなワークシートの構成をする。 ★既習事項を確認し，問題を構成させる。	6 ― 8
• 身の回りの現象から，力の大きさと面積の関係について考える。	• 実験を行い，力の大きさと面積の関係に気付かせる。 • 画びょうやスキー板などの例を出し，身近なところに圧力が関係していることを気付かせる。	9
• 水圧の大きさを調べる実験を行い，水中で働く力の大きさが何によって決まるかを説明する。 • 水圧の実験結果をもとに浮力がなぜ働くのか考える。 • 大気圧の大きさや特徴についてまとめ，説明する。	• 予想を立てさせてから実験を行う。 ★矢印を使って水中の物体に働く力を表す。その際に，矢印の長さで力の大きさを表すことを意識させる。 ★科学的な概念や根拠をもとに，論理的に説明させる。 ★科学的な概念や根拠をもとに，論理的に説明させる。	10 ― 12
課題：A　絹豆腐を支えられるもっとも少ないつまようじの本数は何本か。 　　　　B　スパイ映画のようにビルの窓ガラスを上るために必要な吸盤の大きさは何cm^{2}か。		13 ― 16
• 課題について個人で仮説を立てる。	★習得した科学的な概念や用語を使用させる。	
• グループ内で考えを共有し，課題を検証するための実験方法を話し合う。	• 机間巡視をしながら，見通しをもって適当な実験方法を考えられているか確認する。	
• グループで立てた実験方法を実践する。		
• 実験結果を分析・解釈し，結論を書く。	★習得した科学的な概念や用語を使用させる。	
• 自分たちが取り組んだ課題について，異なる課題に取り組んだグループに発表する。	★圧力や気圧の概念を活用し，わかりやすい説明になるように工夫させる。	

理科 実践例②

1 単元で育成したい理科の資質・能力

エネルギーに関する課題について，科学的に探究し根拠をもって表現する力

2 単元について

本単元「第１分野 （5）運動とエネルギー イ 力学的エネルギー」は，力学的な仕事の定義を基に，衝突実験で測定されるエネルギーを位置エネルギーや運動エネルギーとして量的に扱うことができること，位置エネルギーは運動エネルギーと相互に変換されることなど，日常生活や社会と関連付けながら物体の運動とエネルギーについての理科における見方や考え方を養うことがねらいである。

その具体的な方策として，単元の終わりに「自動車が事故を起こしたときの衝撃の大きさは，どんな要素がどのように関係しているのかを明らかにし，科学的な根拠を基にした説明を行いなさい。」という課題を設定した。課題を解決するために，仮説を設定し，習得した知識や技能を活用して実験を計画し，その検証を行った。根拠に基づく結論を導き出す過程を通して，科学的に探究するために必要な資質・能力の育成を目指した。

3 単元の学びを支える指導事項（◎特に身に付けたい力，・機能的習熟を目指す事項）

◎仕事に関する実験を行い，仕事と仕事率について，説明することができる。

◎衝突の実験を行い，物体のもつエネルギーの量は物体が他の物体になしうる仕事で測れることを説明することができる。

◎力学的エネルギーに関する実験を行い，運動エネルギーと位置エネルギーが相互に移り変わることを見いだし，力学的エネルギーの総量が保存されることを説明することができる。

・見通しをもって観察・実験などを行い，科学的に探究したり，科学的な根拠を基に表現できる。

4 学びの実現と自覚への指導の工夫

(1)「見通す・振り返る」学習活動の充実を図る

課題を自覚し学習を主体的に進めることができるようにするために，科学的な探究の過程を「見通す」学習活動を設ける。具体的には，課題に対する仮説を考えさせたり，これまでに習得した知識や技能を活用して実験の計画を立てさせたりする。

学びを自覚し，自律的に学習を進めることができるようにするために，科学的な探究の過程を「振り返る」学習活動を設定する。具体的には，一連の科学的な探究の過程を振り返らせるとともに，実験の結果を根拠として導かれた結論を明らかにさせ，科学的な概念を構築させる。

(2) 科学的な探究の過程を重視した問題解決学習の充実を図る

科学的な思考力・表現力を高めるために，科学的な探究の過程を重視した問題解決学習の充実を図る。「問題を見いだし観察，実験を計画する学習活動」においては，実験計画を発表したり，討論したりしながら考えを深めさせる。「観察，実験の結果を分析し解釈する学習活動」においては，実験結果を表やグラフに記録させたり，考察をグループで話し合わせたりする。「科学的な概念を使用して考えたり説明したりするなどの学習活動」においては，科学的な根拠に基づいた結論を

発表し討論させ，再構築された自分の考えを論述させる。

　科学的な探究の過程に，意図的，計画的に言語活動を取り入れることで，思考の可視化を行わせ，学びの自覚を図り，科学的な思考力・表現力の育成を目指したい。

5　授業の実際

　（主に11時間目から14時間目の授業について）

　導入では，生徒の問題意識を高めるために，自動車事故の動画や写真を提示した。その後，本時の課題「自動車が事故を起こしたときの衝撃の大きさに関係する要素」について科学的な探究の過程を経ながら考えさせた。

　次に，課題の自覚を促すため，仮説の設定と，仮説を検証するための実験計画を行わせた。ここでは，まず個人で考えをワークシートに記述させ，その後，グループで共有する時間を設定した。実験計画をグループで考える場面では，「物体のもつエネルギーの量は物体が他の物体になしうる仕事で測れることができる」というこれまでの既習事項を活用して，実験を計画する姿が見られた。グループごとの仮説と実験計画の内容は，ホワイトボードにまとめさせ（図1），思考を可視化させた。

　その後，グループで考えた実験計画について，発表する場を設けた。実験計画に不備があった場合には，問題点を指摘し合ったり，お互いの実験計画を比較したりすることで，計画を練り直す姿が見られた。実験計画を立案する際，多少の不備があった場合，生徒の試行錯誤の過程を大切にする指導を心掛けた。具体的には，あえてその場では指導せず，発表の際に互いに指摘できるようにしたり，実験を一度行わせ，その段階で方法に問題がないか問いかけを行うなどしたりした。試行錯誤を繰り返す中で，自律的に学習する態度の育成を図った。

　グループごとに実験を行った後は，実験の結果から明らかになったことを，ホワイトボードにまとめさせ，発表を行った。あるクラスでは，「質量と速さ」以外に，「ぶつかる面積の違い」が衝撃の大きさに関係するのではないか，という仮説を立てたグループが複数あった。実験を行うと，グループによって，結論が異なっていた。この違いについて，どちらが妥当性の高い実験であったかクラスで話し合いを行った。ここでは，実験方法の問題点を指摘したり，運動エネルギーという科学的な概念を使って，自分の考えを発表したりするなどの姿が見られた。学びを深める一つのきっかけになったと考えられる。

　発表後は，自分の考えを論述する活動を設定した。ここでは，小単元の最初に書かせた課題への解答と比較させることにより，学習前と学習後の自己の変容の自覚を促した。

（田中　明夫）

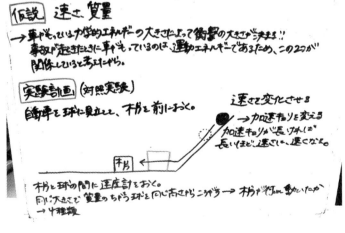

図1

[資料]　資質・能力育成のプロセス（14時間扱い）

次	時		評価規準 ※（　）内はAの状況を実現していると 判断する際のキーワードや具体的な姿の例	【　】内は評価方法 及び Cの生徒への手だて
1	1 ｜ 2	関	これまでに学んだことや生活経験をもとに興味・関心をもって取り組み，発表している。（○）	【発言の確認】【記述の確認】 C：日常生活に関連した具体的な事物を連想させる。知識や概念が曖昧にしか捉えていないことを自覚させる。
		思	実験の結果から，質量と，速さ，運動エネルギーの大きさの関係について自らの考えを導き表現している。（○◎） （A：論理的にわかりやすく説明している。）	【発言の確認】【記述の分析】 C：既習事項を確認し，論理的な説明になっているか推敲させる。
	3	知	ジェットコースターや振り子などの運動は，位置エネルギーと運動エネルギーが移り変わっていること，力学的エネルギーは保存されていることを理解し，知識を身に付けている。（○）	【発言の確認】【記述の確認】 C：ポートフォリオや教科書などを確認させる。
	4 ｜ 8	思	実験の結果から，小球の初めの位置，小球の質量と，木片に対してした仕事との関係について自らの考えを導き表現している。（○◎） （A：論理的にわかりやすく説明している。）	【発言の確認】【記述の分析】 C：既習事項を確認し，論理的な説明になっているか推敲させる。
		技	実験を行い，小球の高さや，質量，斜面の傾きと木片が動く距離との関係について，結果を表やグラフなどにまとめることができる。（○）	【行動の確認】【記述の確認】 C：データの読み取り方を確認させる。ポートフォリオや教科書などを確認させる。
	9 ｜ 10	思	実験の結果から，道具を使った場合と使わなかった場合の仕事の関係について自らの考えを導き表現している。（○◎） （A：論理的にわかりやすく説明している。）	【発言の確認】【記述の分析】 C：既習事項を確認し，論理的な説明になっているか推敲させる。
2	11 ｜ 14	思	運動の規則性，力学的エネルギーに関する事物・現象の中に問題を見いだし，目的意識をもって観察，実験などを行い，事象や結果を分析して解釈し，自らの考えを表現している。（○◎） （A：科学的な概念や根拠を明らかにして，論理的にわかりやすく説明している。）	【行動の観察】【発言の確認】【記述の分析】 C：科学的な概念や根拠の妥当性を確認させる。論理的な説明になっているか推敲させる。
		知	運動の規則性，力学的エネルギーに関する事物・現象についての基本的な概念や原理・法則を理解し，知識を身に付けている。（○◎） （A：正確に説明している。）	【発言の確認】【記述の分析】 C：既習事項を確認させる。
		関	事物・現象を科学的に探究しようとするとともに，事象を日常生活との関わりで見ようとする。（○）	【発言の確認】【行動の観察】【記述の確認】 C：課題に対する見通しを持たせるとともに，対話を通して課題への意欲を高めさせる。

主たる学習活動	指導上の留意点・言語活動の質を高める工夫 （★：学びの自覚を促す工夫）	時
• 私たちの身のまわりには，どのようなエネルギーがあり，それらをどう利用しているのかを話し合う。自動車事故の衝撃の大きさは，どのような要素が関係しているのか考える。	★考えの変容を記録できるワークシートを用意する。	1 ｜ 2
• はじくキャップの速さや質量と動くキャップの個数との関係について調べ，実験結果を分析し，解釈して，考察を論述する。	• 各グループの実験結果を共有し，規則性を見いださせる。	
• ジェットコースターや振り子の運動において，位置エネルギーや運動エネルギーがどのように変化するか話し合う。	★科学的な概念や用語を使用させる。	3
• 斜面を転がる小球の質量，小球の高さ，斜面の傾きと，木片が動く距離との関係ついて調べ，実験結果を分析し，解釈して，考察を論述する。	• 測定値には誤差が含まれていることを踏まえて，規則性を見いださせる。 ★科学的な概念や用語を使用させ，考察を論述させる。	4 ｜ 8
• 道具を使った場合と使わなかった場合の仕事の変化について調べ，実験結果を分析し，解釈して，考察を論述する。	• 測定値には誤差が含まれていることを踏まえて，規則性を見いださせる。 ★科学的な概念や用語を使用させ，考察を論述させる。	9 ｜ 10
【課題】 あなたは，自動車の開発者です。依頼を受けて，車が事故を起こしたときの衝撃の大きさを調べることになりました。自動車が事故を起こしたときの衝撃の大きさは，どんな要素がどのように関係しているのか，仮説を基にしたモデル実験を計画し，実行して，科学的な根拠を基にした説明を行いなさい。		11 ｜ 14
• 予想と実験計画についてグループで話し合い，グループの考えをホワイトボードにまとめる。 • グループでまとめた考えについて，科学的な概念や根拠を基にした話し合いや発表，討論をする。 • 実験を実施し，結果を分析して解釈する。 • 課題について，グループで話し合い，発表，討論をする。 • 課題について，再構築された自分の考えを論述する。	• 話し合い活動を充実させるために，個人の考えを明確にさせておく。 ★ホワイトボードを使い，思考を可視化させる。 ★多くの生徒に発表と相互評価する場を設定する。 ★習得した科学的な概念や用語を使用させる。 • 実験器具の正しい操作方法を確認させる。 ★多くの生徒に発表と相互評価する場を設定する。 ★習得した科学的な概念や用語を使用させる。 ★習得した科学的な概念や用語を使用させる。 ★科学的な根拠を基に，論理的に説明させる。	

音楽科

実践例①

1　音楽科で育成する資質・能力と実現したい生徒の学ぶ姿

　『審議のまとめ』によると，中学校音楽科における「見方・考え方」とは「音楽に対する感性を働かせ，音や音楽を，音楽を形づくっている要素とその働きの視点で捉え，自己のイメージや感情，生活や社会，伝統や文化などと関連付けること」と示されている。その特徴として，表現や鑑賞の体験的活動を通して「知性と感性の両方を働かせて対象や事象を捉えること」の重要性が指摘されている。

　今年度本校では以上の点を踏まえて，聴取活動を軸にした授業を展開してきた。聴取活動を通して，まず感性によって捉えられる「音楽によって喚起されるイメージや感情」を自覚することや，「表したい音楽表現や音楽の良さや美しさなどを見いだすこと」を特に意識した。さらに，そこに知性と関わる「音楽を形づくっている要素，及び音楽に関する用語や記号などについて，音楽表現上の働きと関わらせて理解する」力を，子供たちが興味を持って参加できるような体験的な活動を繰り返す中で，身に付けさせるよう心掛けた。

2　学びの自覚につなげるための指導の工夫

（1）日常的に音楽の多様な表現に触れさせる

　毎回の授業の始まりで5分程度の音楽を聴かせ，日常的に聴取活動を行っている。「世界合唱の祭典」や，様々なテイクでの名歌手のDVDを視聴するなど，聴くことはもちろんのこと，観ることとの関連性の中で，音楽表現の多様性に触れさせることがねらいである。その際，子供たちにイメージや感情を喚起し，聴取から自分なりに気付いたりすることを大切にしている。そしてそこに曲想と音楽の構造や背景との関わりを実感して捉えられるような指導を繰り返した。

（2）聴く視点を意識化する

　音楽には豊富な情報が含まれている。それは音楽を形づくっている要素，及びそれらに関わる用語や記号と，要素同士の関連する働きが生み出す特質や雰囲気などである。例えば強弱に気付かない子供には，音や音楽に強弱が表されていることに気付かせるよう，聴く視点を意識化させ，聴取を繰り返す必要がある。また，ハーモニーを聴きとるには，和音そのものの構造と，和音の組み合わせによって生み出されるハーモニーの色彩的変化の両面から，意識的に響きを捉えさせることが必要となる。このように音楽から豊富な情報を聴きとるためには，表現と鑑賞のどちらの場合でも聴くポイントを意識化させ，体験的に理解させることが重要である。その積み重ねが，音楽に関する知識を得たり活用したりすることの基盤になり，音楽を自分なりに解釈する力へと繋がっていく。さらに聴く力を養い定着を図るために，聴いたり表現したりした音楽を，頭の中で再現（内的聴覚）する

ことが効果的であると考える。これは，サイレントな状態で聴く視点を働かせながら，自分の表現の意図を意識することを習慣づけることがねらいである。

(3) 思いや意図を言語化する（拡散思考と収束思考）

聴取活動の後に感想を言い合う時間を設ける。まずこの時は気付きを自由に発言させ（拡散思考），音楽の授業で感想を言い合うことをまず大切にしたい。教師は発言に対してコメントをする。ここでのコメントは，子供の積極的な発言を誉めたり，より発展的に考えられるようにアドバイスしたりする。次に発言を音楽的な表現にふさわしい言葉に正したり，発言に対しての子供たちの会話からもう一度意見を整理したりして（収束思考），音や音楽から感じとる力や，音や音楽に対して感じた感想を言語化する力を育てたい。この場で培われた力が，表現及び鑑賞の幅広い活動を深めると考える。

3　生徒の学びをどう解釈するか

生徒の動的な学びの姿を捉えて解釈するためには，鹿毛雅治は「教育的瞬間を的確に捉え，それを逃さずに適切な働きかけを行うこと」の重要性を訴えている。教師には教育的瞬間を捉える力と，そこでの的確な指導力が問われる。教師が子供の学びを解釈するには，子供が発想や独創性を言葉や，音や音楽で表そうとする瞬間に気付くことが大切である。その瞬間に教師は立ち合い，子供たちと対話的に関わり，子供が何に困っているのかを見取り，それを分析し，これまでの学習と関連付けてアドバイスするなど，子供たちの個々の状況にどれだけ具体的に寄り添えるかが課題となる。

4　これからの実践に向けて

毎時間の聴取活動を軸とした授業展開によって，子供たちが感性と知性を働かせながら，音楽を実感し理解することについては成果が上がっている。同時に，子供が自分の表現したい音や音楽のイメージを言語化する力も育ってきている。しかし，実際にそれが各自の音楽表現となって実現されているかというと，課題は残っている。その方策として，子供が自分なりに音楽表現を創意工夫したり，思いや意図を持って音楽表現したりするために，どのような技能が必要であるかを自覚させ，その技能を獲得できるような授業を計画していきたい。

●参考文献
1）鹿毛雅治（2007）『子どもの姿に学ぶ教師』，教育出版
2）松林博文（2003）『クリエイティブ・シンキング』，ダイヤモンド社

音楽科 実践例①

1　単元で育成したい音楽科の資質・能力

　合唱活動を通してイメージや感情を喚起し，聴き手に伝わる歌唱表現を追究する力

2　単元について

　本単元では，学芸祭で歌い込んだ合唱曲を題材とし，自分たちの歌い方を見直し，楽譜に書かれた音楽的な意図を捉え直したり，歌唱表現を改善したりして，改めて音楽表現の技能を高めていくことをねらいとした。今年度はそれを，４人１組での「コンサート」を行うことで意識付けた。子供なりに表現を深めてきた曲だからこそ，その経験を振り返り，そこから各グループで創意工夫しながら表現することの価値に気付かせたい。本単元では一度仕上げた合唱を再考し，創意工夫がより伝わるように，重唱（カルテットの編成）で音楽表現を高めていく。

3　単元の学びを支える指導事項（◎特に身に付けたい力，・機能的習得を目指す事項）

◎歌詞の内容や曲想を味わい，曲にふさわしい表現を工夫して歌うこと。[表現（1）ア]
◎声部の役割と全体の響きとのかかわりを理解して，表現を工夫しながら合わせて歌うこと。[表現（1）ウ]
・音色，リズム，速度，旋律，テクスチュア，強弱，形式，構成などの音楽を形づくっている要素や要素同士の関連を知覚し，それらの働きが生み出す特質や雰囲気を感受すること。[共通（1）ア]
・音楽を形づくっている要素とそれらの働きを表す用語や記号などについて，音楽活動を通して理解すること。[共通（1）イ]

4　学びの実現と自覚への指導の工夫

（1）工夫の視点を体験的に理解させる

　子供たちの振り返りの視点は，始め方のタイミングや休符を揃えるなど，音の外面的な処理にとらわれやすい。合唱を振り返る際，合唱表現の基本を見直すために「歌詞の内容」や「曲想」をどう感じとったのか，曲にふさわしい歌い方で表現できたのかにポイントを絞った。そして「歌詞の内容」と「曲想」は一致するのかという問いで発想を促した（第１時）。この活動は，一度歌い込んだ合唱曲に対して，表現の創意工夫を練り直す際の視点になっていくと考える。

（2）合唱の振り返りから始める単元構想

　学芸祭のクラス合唱の音源を聴く前に，自分たちの合唱を，表現を伴った音楽として頭の中で再演（内的聴覚）し，どのように歌おうとしたのかを，言葉と内的聴覚で再現できることが必要である。それによってその後の音源の聴取活動では，自己のイメージとそれを支える技能が，より関連付けられて聴くことができると考える。このように，実現したい合唱へ近づけるために，振り返りから課題を具体的に見つけることが大切である。

（3）仲間と成長を確認する場としてのテストのあり方

　子供には歌テストも１つの音楽表現活動であるということを伝えたい。そのため本単元では歌テストを「カルテット・コンサート」として，優劣を付ける場ではないことを確認した。それはイメージや感情を喚起し，聴き手に伝わる歌唱表現を発表する場であり，コンサートとして「おもしろさ」や「魅力」を感じる機会になる。また，カルテットを組む

ことによって，個が担う責任が強くなり，一人一人の自主的な歌唱が求められる。練習を重ねて互いに高め合い，コンサートで他グループを聴くことが，聴き手に伝わる歌唱表現を仲間と追究する場になると考える。

5　授業の実際

　最初に音源を聴かない理由は，自分たちがどのように表現したかを内的聴覚で再現させたいからである。それが新たな発想を促し，曲全体をまとめる構想に繋がるように，「歌詞の内容」と「曲想」は合っているかという問いを仕掛けた。このように演奏へのイメージや，音楽そのものに対して思考する時間を持たせると，実際に音源を聴く際に，聴き方のポイントが具体的になり，感性と知性を働かせる聴取ができるようになった。

　カルテットの練習（第3—4時）は，歌への思いや構想を話し合いながらアンサンブルをする場となり，練習を重ねるごとに子供たちからは，主体的に歌う姿勢が生まれた（図1）。ブレスやフレーズ感，強弱を揃え，音程や和音を整え，音色や表情を探求する歌声からは，これまでになかった自主性や，そして独創性が見受けられた。各グループを回り指導する際には，子供たちからたくさんの質問や対話が聞かれ，子供たちはイメージを大切にしながらも，楽譜に発想の根拠を求めていた。子供たちが最終的に行き詰まった点は，聴き手に伝える歌唱表現を支える技能であり，それに気付いて歌唱法を見直し，発声練習へ立ち返る子供たちも見られた。

図1　カルテットの練習

　カルテット・コンサート（歌テスト）は，場所を音楽室からレクチャールームに変え，司会を立て，子供たちの思い（キャッチコピー）をスクリーンに投影しながら行われた。どのグループからも聴き手に伝わる表現を工夫した，自分たちの歌を発表する姿勢が見られ，子供たちが歌テストを「音楽表現活動」の1つと捉えて，主体的に挑めたことが大きな成果だったと考える。一方でコンサートでの評価の視点が，生徒・教師とも曖昧になったことが課題として残った。

　子供たちの振り返りには以下のような記述があった。

- 自分達で構成を考え，自分達で強弱などを話し合って自分達だけの「手紙」を創ることが楽しかった。しかし各自が基準にしている声量が違ったため，音のバランスをとることに苦労した。息継ぎを吸うタイミングを合わせて一体感（ハーモニー）を出すことに苦労した。個人的には音色を変化させることが難しかった。また、学芸祭の時よりもさらに深く考えたりして良いものをつくり上げることができたので嬉しかった。

- 私達のグループでは、歌の途中のブレスのところで顔を合わせて吸うという工夫をした。そうすることで4人の呼吸が揃い、次のフレーズの出だしもずれることがなかった。また気持ちも同時に揃えられたのではないかと思う。4人のハーモニーを意識するために、並び方をSop・Ten・Alt・Bassと、全員の声が聴きやすい順にし、半円を書くように少し丸くなることで音色やタイミングを揃えられた。こうしたことにより、いつもよりもお互いのパートを意識しながら歌うことができた。「眺めてる君」の「君」と言うところで少し前に動き相手にささやさかけるように歌った。

（平石　孝太）

[資料]　資質・能力育成のプロセス（6時間扱い）

次	時	評価規準 ※（　）内はAの状況を実現していると 判断する際のキーワードや具体的な姿の例	【　】内は評価方法 及び Cの生徒への手だて
1	1	関　曲にふさわしい音楽表現を主体的に捉えようとしている。（○）	【ワークシートの記述の確認】 C：聴いて感じとった内容を，曲想と関連付けて書かせる。
		創　曲の特質や雰囲気を感受しながら，「歌詞の内容」や「曲想」を関連付けている。（○）	C：「歌詞の内容」や「曲想」について，感じとったことを言葉で表現できるように促す。
	2	関　曲にふさわしい音楽表現を工夫して歌う学習に主体的に取り組もうとしている。（○○） （A：歌詞が表す風景や心情，曲の表情や味わいに関心を持って記述している。）	【ワークシートの記述の分析】 C：聴いて感じとった内容を箇条書きで書かせて，自分の意見をまとめさせる。
		創　音楽用語を正しく使い，思いや意図を持って音楽表現を思考している。（◎） （A：音楽用語が実感を伴って使われ，音・音楽について解説している。）	【ワークシートの記述の分析】 C：音楽用語や記号の意味を知り，言葉を正しく使って考えるように促す。
2	3 ｜ 4	創　「歌詞の内容」や「曲想」の特徴を感じとって，表現の創意工夫をしている。（◎） （A：感じ取った特徴が創意工夫に生かされている。）	【行動の確認】 C：生徒に合った具体的な課題に気付かせる。
		技　「歌詞の内容」や「曲想」にふさわしい音楽表現で歌っている。（◎） （A：楽譜から読み取った内容を正しい歌唱法で表現している。）	
	5 ｜ 6	関　カルテットで仲間と協働して歌おうとしている。（◎） （A：仲間に対し，カルテットをより良くするための具体的な働きかけをしている。）	【行動の分析】 C：音楽表現の共通認識を図り，4人で1つの歌を仕上げる良さを考えさせる。
		創　思いや意図を持ち，創意工夫して音楽表現をしている。（◎） （A：楽譜から喚起されるイメージや感情が創意工夫に生かされて表現している。）	【振り返りシートの記述の分析】 C：既習事項を振り返りながら，改めて表現を磨き上げる良さを考えさせる。
		技　創意工夫して音楽表現をするための技能を身に付けている。（◎） （A：創意工夫にふさわしい歌唱法で歌っている。）	【行動の分析】 C：生徒に合った課題を示し，具体的な練習方法を指導する。

主たる学習活動	指導上の留意点・言語活動の質を高める工夫 （★：学びの自覚を促す工夫）	時
学芸祭のクラス合唱の振り返りをする。 (1)「歌詞の内容」や「曲想」を感じとって歌うことができたかをワークシートにまとめる。 (2) 音楽では「歌詞の内容」と「曲想」が合っているのかを考える。 ＜聴取活動＞ 「歌詞の内容」と「曲想」が一致する曲と，一致しないように聴こえる曲を聴取する。 （ジングル・ベル，ひなまつり，帰れソレントへ等） 【課題】 学芸祭で歌った合唱を磨き上げて，カルテット・コンサート（歌テスト）で歌おう。	★歌い込んだ曲に対して，改めて表現を見直すための考察活動をさせる。 ・「歌詞の内容」と「曲想」をそれぞれから感じとったことを書いてまとめさせ，特徴付けて書かれている記述を全体に紹介する。 ・「歌詞の内容」や「曲想」に込められた作者の思いや意図が，どのように一致するか・しないかを体験させる。 ・意見を発表し合い，多様な考え方に触れさせる。 ★カルテット・コンサート（歌テスト）が音楽表現活動の１つであることを意識付ける。 ・表現のチェックポイントを伝える。(個＝音程・強弱・フレーズ・発声，４人＝ブレス・声部のバランス・響き・曲想・表現の共感度)	1
比較しながら聴取する。 (1) 学芸祭での自分たちの合唱を聴く。 (2) NHK全国学校音楽コンクール全国大会より参加校の合唱を聴く。 ①愛媛大学教育学部附属中学校「虹」 ②町田市立鶴川第二中学校「プレゼント」 (3)「歌詞の内容」や「曲想」から得た曲のイメージと，実際に自分たちの合唱を聴いて得たイメージとの違いを考える。 対話から創意工夫へ コンサートでは何に気を付けて，どんな表現をして歌うのか，話し合いや聴取活動を踏まえて記述する。	・聴き取ったことや感受したことを，言葉や体の動きで表したり，他者の意見と比較したりしながらカルテットのグループで話し合わせる。 ・音楽的な特徴，要素の働きが生み出す雰囲気や曲想の変化を捉えさせ，振り返りや聴取活動と組み合わせて，自分なりの表現を考えさせる。 ★考えの変容がわかるように，改めて考えたことを書き留めさせ，コンサートでの音楽表現の創意工夫へと動機付ける。	2
カルテットでの練習を行う。 ・音楽表現に対する思いや意図を話し合い，カルテットでの曲の構想をまとめる。 ・表現するために必要な技能を高める練習をする。 表現のグレードアップを図る。 ・練習途中の状態を録音し，それを聴き返しながら，イメージする合唱に近づけるように練習する。 ・カルテットが目指す重唱のイメージを，ＣＤの帯に記すようなキャッチコピーで表す。（20文字以内）	・聴いて感じとったことを比較し，関連付けるように話し合わせ，重唱での一体感を追究させる。 ・音楽表現に対する思いや意図を歌で表すための技能に，必要感を持たせて練習させる。 ★歌詞の内容と曲想との関わりに感性を働かせ，それにふさわしい歌唱法を追求するよう指導する。 ★音楽を形づくっている要素，及びそれらに関わる音楽用語や記号の働きを，実感して歌えるよう指導する。	3 ｜ 4
カルテット・コンサートを行う。 ・振り返り学習を生かして実演に挑む。 ・自分と同じパートの歌い手と，特に印象に残った歌い手にメッセージカードを書く。 ・カルテット・コンサートを振り返る。	・前時で考えたキャッチコピーをスクリーンに投影させて，歌い手たちが持つ曲のイメージを聴き手に知らせながら実演する。 ★メッセージカードを通して意見交換しながら，実演の出来映えを考察する。 ・知性と感性の両方を働かせて，自分たちと他のグループの成果を振り返らせる。 ★一度しかない本番に挑んだときに経験する，成功や失敗から感じたことを書き留めさせる。	5 ｜ 6

実践例①

1 美術科で育成する資質・能力と実現したい生徒の学ぶ姿

筆者が実現したい生徒の学ぶ姿をイメージする上で参考にしているモデルがある。それは，ティナ・シーリグ(2012)が述べる，クリエイティビティを高める要素の関係を示している「イノベーション・エンジン」（図1）である。

図1　イノベーション・エンジ
シーリグ(2012，p.25)

イノベーション・エンジンの内部は，「知識」，「想像力」，「姿勢」の三つで構成されている。①「知識」は，想像力の燃料。②「想像力」は，知識をアイデアに変える触媒。③「姿勢」は，イノベーション・エンジンを動かす起爆剤。その外部に，イノベーション・エンジンに影響を与える重要な要素として「資源」，「環境」，「文化」がある。

それぞれの生徒の「文化（学びの履歴など）」を踏まえて，好奇心をくすぐるような「環境（題材を含んだ場）」を設定することで，学びに対する「姿勢」がつくられ，自然と関連する「知識」を得ようとする。そこで得た「知識」は，「想像力」の燃料となり，新しいアイデアを思いつけるようになる。さらに「想像力」は触媒となり，身近な「資源（材料や道具）」を活用して表現していく。このように，それらが循環的・往還的に働き合うことでクリエイティビティを高めるのである。また，これらの学びの中核となるのが「見方・考え方」であり，その働きとして観察力を磨いて知識の基盤を築いていくこと，問題を捉え直すこと，アイデアを結びつけること，思い込みを疑うこと，最初に思いついた答えを乗り越えることをあげている。

このモデルは，『審議のまとめ』で整理された，育成すべき資質・能力の三つの柱に通ずるものと考える。

2 学びの自覚につなげるための指導の工夫

このモデルを核とした学ぶ姿を実現するためには，生徒が題材を自分ごととして捉え，問いが生まれる学びをつくり出さなければならない。そのための学習方法として，国際的な教育プログラムである国際バカロレアの中等教育プログラム(以下，IB MYP)の「探究型概念学習」を参考にすることとした。これは，探究的な学びのプロセスで知識を生きて働く概念として習得させようとする学習方法である。この学習方法を本校美術科で実施するにあたり，筆者は，IB美術教育を研究する小池研二氏（横浜国立大学准教授）と協同研究を行っている。IB MYPは概念を，地球規模で捉える「グローバルな文脈」を通して学ぶ。これらを生徒に説明するために，探究テーマ（題材の目標に近い）を設定する。この探究テーマが題材で実現したい生徒の学ぶ姿と重なる。そして，このテーマを深く考えるための手掛かりとして探究の問い（事実に即した問い・概念的な問い・議論可能な問い）を設け，題材を通して生徒に問いかけるのである。そうすることで，これらの問いは新た

な問いを生むきっかけとなり，答えの幅を広げ，想像力を豊かにしていく。このようなプロセスの中で生徒は，美術と生活や社会との結びつきを感じたり，自らの学びを自覚したりしていく。

図2　思考ボード

こうした思考のプロセスを可視化し，学びの過程で生まれた問いを共有したり，深めたりするためのツールとして，『附属横浜中』（2016）で示した思考ボード（**図2**）があげられる。思考ボードを通して，生徒は自分の「心のはたらき」を自覚し，自分の思考の型に気付くようになる。そのとき教師はその状態を把握し，その基準となる「見方・考え方」を高めるよう支援する。

3　生徒の学びをどう解釈するか

鹿毛（2007）は，「評価とは，対象を捉え，意味づけ，次に生かしていくという『心のはたらき』である。」「子どもたちが彼らの心を豊かに働かせて，自らの学びをどれほど丹念に振り返り，さらなる成長へのステップをどれほど明確に見通しているかという思考こそが問われるべきなのだ。」と述べ，学びを解釈するためには，このような「心のはたらき」が活性化されるための授業デザインをしなければならないとしている。つまり，イノベーション・エンジンが起動するような授業デザインをし，そこでの「心のはたらき」を生徒にどのように自覚させ，それをどう見取っていくのかということである。

例えば，行き詰まって手が止まっている生徒に対しては，これまでの経緯や主題を聞くなどの振り返りを促すことで，つまずきに気付くなど見通しが持てるようになる。また，生徒のつまずきや疑問を，次の時間で全体の問いとしたり，新たな「資源」の活用のしかたに気付いたことを，全体で共有したりする。

4　これからの実践に向けて

本校美術科では，これまで思考・判断・表現力等の育成に向けて，題材のまとまりの中で，主体的に学習を見通し振り返る場面を設定したり，協働的な学びを取り入れたりしてきた。そこでは，学びを自覚するための学習スタイルとして，石戸（2014）が提案する「かんじる→かんがえる→つくる→つたえる」のスパイラルを基本とした，クリエイティビティを高める流れを意識してきた。その過程で重要となるのが，生徒一人ひとりが感性を働かせるということである。『審議のまとめ』では，「感性」は知性と一体化して創造性の根幹をなすものであり，知性と感性を融合させながら捉えていくことが，芸術系教科が担っている学びであるとしている。つまり，「感性」を働かせながら，イノベーション・エンジンを起動させていくことが重要なのである。そのために，今まさに生徒が見ていたり，触れていたりしている感覚に，筆者自身が寄り添いながら，多様な価値を認め，それらを大切に扱う授業を心がけていきたい。

●参考・引用文献
1）ティナ・シーリグ（2012）『未来を発明するためにいまできること』，阪急コミュニケーションズ
2）鹿毛雅治（2007）『子どもの姿に学ぶ教師』，教育出版
3）石戸奈々子（2014）『子どもの創造力スイッチ』，フィルムアート社

美術科　実践例①

1　題材で育成したい美術科の資質・能力

感性や創造力を働かせ，作者の心情や意図と創造的な表現の工夫を感じ取り見方を深め，自分としての意味や価値をつくりだす力

2　題材について

「シュールという言葉を聞いたことはありますか」と生徒に聞くと大半は「聞いたことがある」といった反応を示す。しかし，「意味を知っていますか」と聞くと，「漠然としたイメージはあるがはっきりとはわからない」というような反応が返ってくる。

そもそもシュールとは，ダダイズムから分派したシュルレアリスムの芸術運動が語源である。そこで生み出された作品は，人間の意識外を表現しようとしたものであり，夢と現実の矛盾を肯定し，通常では隠れている部分（夢や空想など）を現実に引き出し表現したものである。

本題材「ちょ～現実の世界を味わおう」では，そうした「シュール（ちょ～現実）とは何か」を問いに，生徒は文脈（歴史的な様式の変遷や時代背景と作者の関係など）を通して向かうことにより，各自に備わっている感性を働かせながらティナ・シーリグが述べるイノベーション・エンジンを起動させ，クリエイティビティを高めるための見方や考え方を深め，自分としての意味や価値をつくりあげることをねらうものである。

3　単元の学びを支える指導事項

「B鑑賞」(1)

ア　作者の心情や意図と創造的な表現の工夫などを感じ取り見方を深め，自分の価値意識をもって批評し合うなどして，美意識を高め幅広く味わう。

ウ　美術文化の継承と創造への関心を高める。

4　学びの実現と自覚への指導の工夫

(1)「グローバルな文脈」を通して概念を考える

「シュルレアリスム」とは何かについて考えることを通して，空間的時間的な文脈から「創造」や「表現」といった概念を捉える学びを行う。この学びの中で単なる知識としての「シュルレアリスム」という意味を学ぶだけでなく，社会で普遍的なものは何かを考えたり，枠組みにとらわれない自由な発想をもったりするきっかけをつくる。このように題材を貫く概念を考えることで，日常でも転移可能な汎用的な見方・考え方を身に付けることができる。

(2) 思考の変容を引き出す探究的な鑑賞

①文脈を通して考える

形や色彩などの視覚的要素を手掛かりに，対話をしながら作品を味わうことを目的とした鑑賞活動を行う。それに加え，歴史的な流れや文化的背景といった文脈を知ることによって，シュルレアリスムを追体験し，自分としての「シュール」の概念を実感的につくりあげる。

②コマ撮りによる表現活動を入れる

シュールとは何かを互いに問いながら考えを深めるために，コマ撮りによる表現活動を取り入れた。コマ撮りは，一枚の写真では表せない時間の経過や空間のズレなどの動きを表現できたり，生徒が考えた内容を写真やコンピューターを使うことで，つくり替えたりでき，更新された思考を可視化しやすいからである。

(3) 自分にとっての学びの意味の明確化

思考ボードに探究的な問いを中心に鑑賞や表現のプロセスで働いた考えを毎時間付箋に言語化(造形的な言語も含む)していくことで，その時間に働いた思考を振り返ることができる。このように思考の積み重ねを可視化し俯瞰してみることで，自分のつまずきに気付いたり，それを乗り越えて表現につながったりした経緯を確認できるのである。それによって自分の感性や思考の変容，癖に気付き，次の学びに向かう力が育まれる。

5　授業の実際

図1は，思考ボードに貼られた生徒Aの学びの履歴である。題材を通しての思考の変容が見て取れる。

対話による鑑賞活動(第１次)では，まず形や色彩を手掛かりに《ピレネーの城》《記憶の固執》二つの作品を鑑賞していく。

マグリットの《ピレネーの城》では，

生徒：「岩が浮いている」
「岩の上に城がある」「ラピュタだ」

司会：「なるほど，天空の城だ。では，この城は浮き上がったの？落ちてくるの？」

生徒：「波の立たち方から考えると，浮遊していると思う」

といった具合に，作品から感じ取ったことを元に問いを立て，それを造形的な視点で根拠を答えながら鑑賞は進んでいく。そこで教師は頃合いを見て，「ではなぜ，現実には起こらないようなことが描かれているのだろう。」などの新たな問いを投げかけたり，題名などの作品に関する情報やシュルレアリスムの時代背景などの知識を与えたりしながら，視覚的な情報では読みとれない深い学びへと誘う。この活動から「マグリットやダリはなぜ，ディペイズマンやダブルイメージの手法を使う必要があったのか」という，教師の想像を超えた問いが生まれたため，それを全体で議論する場を設けた。

このように学びに対する「姿勢」がつくられたところで，さらに考えを深めるためのコマ撮りによる表現活動(第２次)に移っていく。表現活動では，はじめは言葉でうまく表現できなかった「シュールとは…」という感覚的なイメージを，他者に伝え合いながら具体的なものとして表現しようとする過程で，自分たちとしての見方や考え方，捉え方などの変容に気付き，シュールに対する新たな概念が構築されたようである。

最後に本題材における生徒Aの思考の振り返り(**図2**)から，改めて美術科における題材設定の重要性が認識された。　(飯田　哲昭)

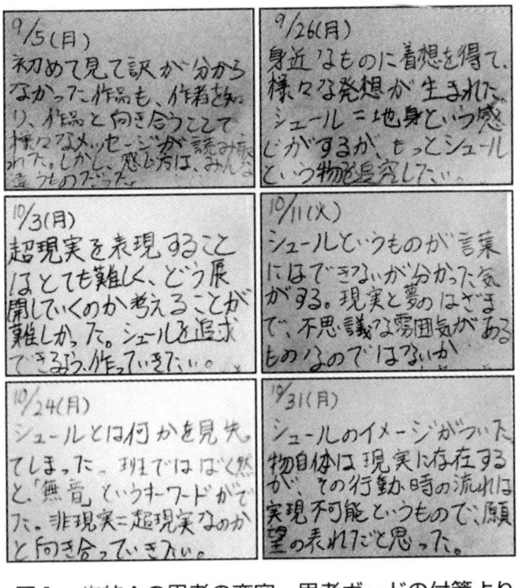

図１　生徒Aの思考の変容　思考ボードの付箋より

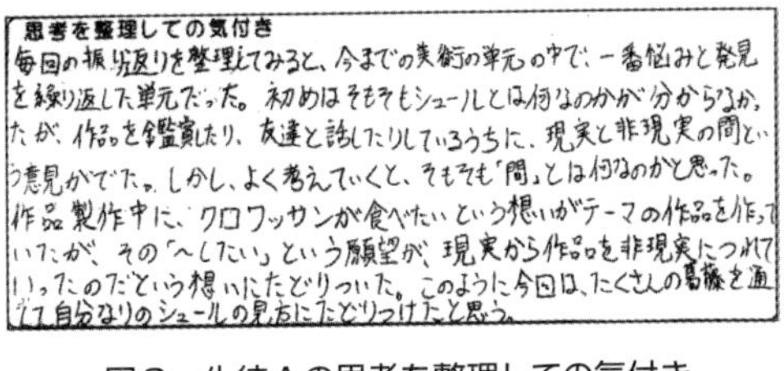
思考を整理しての気付き
毎回の振り返りを整理してみると、今までの美術の単元の中で、一番悩みと発見を繰り返した単元だった。初めはそもそもシュールとは何なのかが分からなかったが、作品を鑑賞したり、友達と話したりしているうちに、現実と非現実の間という意見がでた。しかし、よく考えていくと、そもそも「間」とは何なのかと思った。作品製作中に、クロワッサンが食べたいという想いがテーマの作品を作っていたが、その「〜したい」という願望が、現実から作品を非現実につれていったのだという想いにたどりついた。このように今回は、たくさんの葛藤を通じて自分なりのシュールの見方にたどりつけたと思う。

図２　生徒Aの思考を整理しての気付き

[資料]　資質・能力育成のプロセス（8時間扱い）

次	時	評価規準 ※（ ）内はAの状況を実現していると 判断する際のキーワードや具体的な姿の例		【 】内は評価方法 及び Cの生徒への手だて
1	1 ｜ 2	ルネ・マグリット 《ピレネーの城》	サルバドール・ダリ 《記憶の固執》	
		関	自分なりの見方・感じ方で，作品の特徴や共通点を見つけようとしている。（○）	【発言の確認】【ワークシートの記述の分析】 C：他者の気付きをメモさせる。 　　作品を見てわかることを問う。 　　「空は晴れてる？曇ってる？」 　　「時計の針は，何時を指しているのかな？」など
		鑑	時間や空間の捉え方を視点に，作品に対する自分の思いや考えを説明し合い，自分と他者の共通するところや違いに気付き，見方や感じ方，考え方を広げている。（○◎） （A：作品が表している内容を形や色彩などから，自分として根拠を持って，見方や感じ方，考え方を広げている。）	
		関	本時での自分の考えや気付きを振り返ろうとしている。（○）	【思考ボードの記述の確認】 C：活動中の他者の意見で，印象に残っている言葉を思い出させる。 　　疑問は疑問としてそのまま書くよう促す。
2	3 ｜ 6	関	感性や想像力を働かせ，班の主題創出に向けての話し合いや，役割分担しての制作活動に主体的に関わろうとしている。（○）	【行動の観察】【発言の確認】 C：他者の意見に対して自分はどのように感じたか考えさせる。また，前時の振り返りや思考ボードの他者の気付きを確認させる。
		関	本時での自分の考えや気付きを振り返ろうとしている。（○）	【思考ボードの記述の確認】 C：制作時に話し合ったことを書かせる。 　　悩みや疑問もそのまま書くよう促す。
3	7 ｜ 8	鑑	【概念的な問い】【議論可能な問い】を話し合いながら意味や価値を創造し，自分の言葉で説明している。（○◎） （A：美術文化への理解や造形的な視点を基に，自分の言葉で説明している。）	【発言の確認】【ワークシートの記述の分析】 C：鑑賞の視点を再度説明する。また，他者の意見に対しての自分の考えを記述させる。
		関	題材を通しての気付きや感じ取ったことを基に，学習活動の振り返りを記述しようとしている。（○◎） （A：分析的な振り返りをし，思考の変容や今後の課題を記述している。）	【行動の観察】【思考ボードのまとめの分析】 C：思考ボードに貼った付箋を項目ごとに整理させ，そこからの気付きを書き出させる。

○は主に「指導に生かすための評価」，◎は主に「記録するための評価」

主たる学習活動	指導上の留意点・言語活動の質を高める工夫（★：学びの自覚を促す工夫）	時
• 本題材を通して考える問いを提示する。 【事実に即した問い】 ○シュルレアリスムとはどのようなものだろうか。 【概念的な問い】 ○時間や空間の意味するところはなんだろうか。 　時間や空間は見方や考え方で変化するのだろうか。 【議論可能な問い】 ○あなたの考える「シュール（ちょ〜現実）」とは。 　そこから広がる世界とは，どのような可能性があるのだろうか。 時間や空間の捉え方を視点に2枚の作品を鑑賞しよう • シュルレアリスムの作品を探究的に鑑賞する。 マグリット：《ピレネーの城》，ダリ：《記憶の固執》 • 4人班をつくり付箋に個人の意見を書き出し，班で意味生成を行う。 • シュルレアリスムの時代背景や技法などの知識を学ぶ。【事実に即した問い】にメモをさせる。 • 直観で感じたことに新たに得た知識を加え，再度作品の意味生成を行う。 • 自分の考えや気付きなどを付箋に記入し，黒板に置かれた思考ボードに貼る。	★国際バカロレアMYPの視点 　重要概念：創造性 　関連概念：表現 　グローバルな文脈：空間的時間的位置づけ • シュルレアリストの作品を鑑賞することで，時間や空間の捉え方の視点を持たせる。 ★【探究的な鑑賞】 ①形や色彩などの視点を意識しながら詳細に作品を見る。 ②見たことを基に気付いたことを話し合う。 ③話し合いを通して，理解を深めたり，解釈をつくり上げたりする。 ④考えを深めるために，時代背景や用いられている技法などの情報を与える。 ⑤自分としての意味や価値をつくり出す。 ★各自の考えを確認できるよう思考ボードを用意する。	1 — 2
コマ撮りで，ちょ〜現実を表現しよう • コマ撮りアニメーションの制作方法を学ぶ。 • 班ごとに，シュールとは何かを考えながら主題を生み出す。 • 生み出した主題を基に，構想を練る。 • 写真を撮ったり，画像を編集したり制作を進める。 • 自分の考えや気付きなどを付箋に記入し，黒板に置かれた思考ボードに貼る。	• 題材の目標を深く考えるための表現活動であり，「発想や構想の能力」「創造的な技能」を評価するものではないことを伝える。 • 動画編集ソフトとプレゼンテーション用ソフトでの制作方法を説明する。 • 制作のイメージがもてるようNHKの「こんなことできません」の動画などを紹介する。 ★思考ボードに貼った毎時間の振り返りの付箋をワークシートに貼りためておく。	3 — 6
各班の作品の鑑賞を通して，【概念的な問い】【議論可能な問い】を考えよう • 各班の作品を発表する。 • 各【問い】について，班で話し合う。 題材で働いた思考を整理する • 毎時間振り返りをした付箋を基に，題材で働いた思考を整理する。	⑥美術を自分の周りの世界と関連付け，新しい洞察を得る。 • 発表時に，シュールをどのように捉え制作したかを説明する。 • 個人の考えを基に各問いを話し合い，自分としての考えをつくりあげる。 ★貼りためた付箋を基に，題材での気付きや学び，自分の変容などをまとめる。 • 最後にさらに問いを投げかけて題材を終えるために，クエイ兄弟の作品の一部を紹介する。	7 — 8

保健体育科

実践例①～②

1　保健体育科で育成する資質・能力と実現したい生徒の学ぶ姿

　保健体育科の目標は，「心と体を一体としてとらえ，生涯にわたって健康を保持増進し，豊かなスポーツライフを実現する資質・能力」を育成することである。『審議のまとめ』の中で挙げられた，育成を目指す３つの柱「知識・技能」「思考力・判断力・表現力」「学びに向かう力・人間性等」をどのように保健体育科として育成することができるかが課題である。『審議のまとめ』の中では，「体育・保健の見方・考え方」を働かせて，以下の３点を目指すことが上記３つの柱の育成につながると書かれている。

①　各種の運動の特性や魅力に応じた運動についての理解及び個人生活における健康についての理解を図るとともに，基本的な技能を身に付けるようにする。

②　運動や健康についての自他の課題を発見し，合理的な解決に向けて思考・判断し，目的に応じて他者に伝える力を養う。

③　生涯にわたって運動に親しむとともに健康の保持増進と体力の向上を目指し，明るく豊かな生活を営む態度を養う。

　本校保健体育科では，「主体的・協働的に学び合い，基本的な知識・技能を習得し，自他やグループの課題を発見し，仲間とかかわり合いながら，習得した知識・技能を生かして課題解決に向けて工夫して取り組む姿。また，そこで得た『学び』を将来や実生活に生かすことができる姿。」の実現を目指して，授業デザインを工夫している。

2　学びの自覚につなげるための指導の工夫

(1) 協働的な学び合いを中心とした授業デザイン（班構成は学級の生活班）

　自他の課題解決のために，仲間と協力して，その方法を工夫していくことが深い学びにつながる。本校では以前より，体育の授業の活動班は学級の生活班を利用している。共に生活をしているからこそ，それぞれの特徴や個性を認め合い，お互いに意見の言える関係が構築されているので，それが授業に生かされ，さらに体育の授業で強まった関係が日常にも生かされるという相乗効果が期待できる。

(2)「いま―ここ」に「没頭」できる環境づくり

　(1)に述べたが，生活班を生かすことで，お互いを知っているからこその安心感のある関係性が生まれている。そのため，体育が苦手な生徒でも安心して取り組むことができ，「エンゲージメント（意欲的な姿）状態」，言い換えると「没頭」できる環境がつくられやすい。合わせて教員側も生徒たちの興味を引く単元構成や授業内容，生徒にとって必然性のある課題を提供することが必要である。

(3)「個」と「集団」を往復する学習の流れ

　「個」で習得した知識・技能・態度，気付きなどの「学び」を言語化して，「集団（班活動）」でお互いに伝え合うことを通して，より広く，より深い「学び」としていく。そして「個」

に戻った時に自分の変容を自覚する。このように「個」と「集団」を往復する学習活動は，より深い学びを実現するために重要である。

(4) 生徒の変化，気付き，「できた・わかった」瞬間などをキャッチする

授業中の生徒の表情や行動，学習ノートを観察していると，さまざまな瞬間をとらえることができる。教員は，その瞬間を見逃さずに声をかけたり，称賛したり，学習ノートにコメントを書いたりすることが生徒たちのさらなる気付きにつながる。

(5) ICTや掲示物などを利用して「動き」のポイントをとらえる

ICTを利用し，静止画や動画を撮影し，それを確認すること（可視化＝見える化）で生徒が自分の「動き」をメタ認知する機会となり，新しい気付きが生まれる。また，「動き」のポイントを示した掲示物なども利用することで，視覚的に知識や技能の確認ができ，さらなる動きの獲得につながる。

3　生徒の学びをどう解釈するか

保健体育科では，単に「できる・できない」という結果ではなく，「主体的に取り組む」「言語化できる」「体で表現できる」「自己に合った課題が挙げられる」「課題に合った解決方法を工夫できる」「仲間と協力できる」などを学びを評価する視点と考えている。これは，結果よりもプロセスに学びがあると考えているからである。実際の授業では，生徒の活動や学習ノートを利用して，それを見取るように努めている。例えば，学習ノートには，気付いたことやわからなかったことなどを記入させ，個人で挙げた課題に対してどのように工夫して取り組んだかを読み取るように心がけている。そこに教員がコメントをすることで，生徒は次時の学びへのつながりを意識できる。

4　これからの実践に向けて

現在課題として取り組んでいることは，生徒の授業中のつぶやきや学習ノートの記述に，個別に丁寧に寄り添うということである。具体的には，それらと教員の「ねがい・ねらい」を照らし合わせ，そこに生じている「ズレ」に着目し，その「ズレ」を埋めていくためのコメントや言葉かけを工夫することである。そのためには教員の「気付き」が大切であり，その「教育的瞬間」にどのように生徒に寄り添っていくかがカギとなる。これによって生徒の学びは，より個々の問題として，自覚的に捉えられる。それと同時に教員が学びを評価する力の向上にもつながってくる。

これからの実践で意識したいことは，①誰もが「没頭」できる授業デザイン，②生涯を通じて健康でアクティブ（活動的）に生活するための「身体的リテラシー」の育成を目指した授業である。体育分野で言えば，全ての生徒が，「楽しい」「またやってみたい」と思わせることができる授業である。このことが，保健体育科の最大の目標である「心と体を一体としてとらえ，生涯にわたって健康を保持増進し，豊かなスポーツライフを実現する資質・能力」の育成につながっていくと考える。

●参考文献
1）梅澤秋久（2016）『体育における「学び合い」の理論と実践』，大修館書店
2）鹿毛雅治（2007）『子どもの姿に学ぶ教師「学ぶ意欲」と「教育的瞬間」』，教育出版

保健体育科 実践例①

1　単元で育成したい保健体育科の資質・能力

協働的な学び合いの中で，自他の課題を見つけ解決しようとする力

2　単元について

本単元「武道（柔道）」は，中学校で初めて学習する内容であるため，基本となる知識や技能を確実に身に付け，それを用いて相手の動きの変化に対応した攻防ができるようにすることをねらいにしている。

本単元では，柔道を行う上での安全面への約束事を確認し，武道を行う上での整然とした雰囲気づくりを心がけると共に，協働的な学び合いの場を中心に授業をデザインした。その中でお互いの課題に気付き，教え合いながら技や受け身が磨かれていく楽しさや喜びを味わい，基本動作や基本となる技や受け身ができるようにしたい。また，ICTや実技書を用いて仲間へアドバイスしたり，自己の姿を見たり（可視化）することでメタ認知することにつなげたい。さらに，健康や安全に気を配るとともに礼法に代表される伝統的な考え方などを理解し，課題に応じた運動の取り組み方を工夫できるようにさせたい。

3　単元の学びを支える指導事項（◎特に身に付けたい力，・機能的習熟を目指す事項）

◎武道（柔道）の楽しさや喜びを味わうこと
◎学習課題に応じた運動の取り組み方を工夫すること
◎武道の特性や成り立ち，伝統的な考え方などを理解すること
・技の名称や行い方が理解できること
・基本動作や基本となる技ができること

4　学びの実現と自覚への指導の工夫

(1)　「個」と「集団」の往還関係の中で広げ，深めていく「知識・技能」

個人で習得した基本的な知識や技能（受け身や投げ技など）を仲間との協働的な学び合いや攻防の場面の中で用いることでどのように使っていくかを考えさせ，応用的な技能への広がりを持たせていく。班活動の中で気付いたことを，今度は個に戻ってその学びを確認していく活動をさせる。そのような「個」と「集団」との往還関係の中で，「知識・技能」を深めていく。

(2)　課題解決までを見通す活動や自己・班での「気付き」を振り返る活動

授業の始まりに本時のキーワードとなる学習内容を提示し，その内容に対してその授業で意識する自己課題を考え学習ノートに記入する。授業の終わりには振り返りの時間を確保する。もらったアドバイスや気付いたことを忘れずに記入する。

また，各単元の初めにその単元についての現在の状況（関心・知識・技能など）を記入させ，単元終了時にはどのように変容したかを確認させる（図1）。

(3)　良い気付きやこだわりを表現した瞬間でのコメントの工夫

毎単元，毎授業で学習ノートに目標や課題設定，授業での気付きや変化，工夫したこと

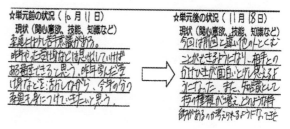

図1　単元前と単元後の変容

図2　ゲーム中での教え合い

など記入している。活動中のつぶやきやその学習ノートに記入してある生徒の一言一言に注目し，次時の取組に繋がるコメントを返すなどの工夫をする。

　また，生徒の活動する姿の一瞬一瞬（エンゲージメント，非エンゲージメント　鹿毛2013）に注目し，教育的瞬間（気付きやこだわりを表現した時）を見逃さず，ほめる言葉かけを意識する。非エンゲージメント状態で気になる生徒へのサポートも忘れないようにしていくことが重要である。

5　授業の実際
(1) 学びを誘発させる環境づくり

　男女混合の班構成の中で，実力差・体格差に関係なく，また男女分け隔てなくかかわり合い，意見を出し合い，教え合える環境づくりを意識した。ある班は，得意な生徒の動きを見て，みんなで真似をしたり，男子または女子同士が動いているところをそれぞれが見て気付いたことを指摘し合ったりしていた。また多くの班で見られたのが，男子が女子に技をかけて投げたり，女子が男子を投げて教え合ったりする姿であった（**図2**）。生徒の授業中のつぶやきや学習ノートの中でも「実際に男子に投げてもらうと勢いがあって受け身も取りやすいし，気付くことが多い」「女子に細かいところを指摘されて，はっとした」など「学び」が生まれやすい環境であるということがわかった。学び合いの中で良かった

こと・気付いたことを言葉にすることで，個人が習得してきた知識や技能が再確認され，より実践的なものとして再構築されていく。

(2) 学習ノートからのアプローチ

　毎授業後に学習ノートに記入されている生徒個々の課題解決に向けた取組や気付きに対してコメントを書いたり，良い気付きや学びを深めた点，主体的に学びに向かっている点，反対に気になる点などにアンダーラインを引いたりすることで，次時へつながるサポートを行った。それにより次時の取組の視点が明確になると共に，新しい気付きが生まれ，その気付きを仲間と共有（教え合い）して，より深い学びにつなげることができた。

　このような生徒の振り返りから出てきた言葉を「学びのキーワード」とすることによって，全体での学びの共有，リフレクション（省察）につながった。それは指導している側の気付きや授業の改善にも生かされ，教師と生徒のお互いの「学びの自覚」につながっていった。

●参考・引用文献

1）梅澤秋久(2016)『体育における「学び合い」の理論と実践』，大修館書店
2）鹿毛雅治(2007)『子どもの姿に学ぶ教師「学ぶ意欲」と「教育的瞬間」』，教育出版
3）鹿毛雅治(2013)『学習意欲の理論－動機づけの教育心理学－』，金子書房

（中山　淳一朗）

次	時		評価規準 ※（　）内はAの状況を実現していると 判断する際のキーワードや具体的な姿の例	【　】内は評価方法 及び Cの生徒への手だて
1	1 ｜ 7	知	柔道の特性や伝統的な考え方，学習する意義を理解している。（○）	【学習ノートの記述の確認】 C：実技書などを用いて技術や特性，これからの見通しについて確認させる
		関	協働的な活動に主体的に取り組み，仲間の学習を援助したりしようとしている。（○）	【行動・発言の確認】 C：つまずきなどに耳を傾け，資料集や仲間の動きなどから再確認する。
		関	安全に留意して取り組むとともに伝統的な行動の仕方を守ろうとしている。（○）	【行動の確認】 C：安全に対しての重要性を確認したり，手本や仲間の様子などを見せたりしながら理解させる。
		技	崩し，体さばきを意識して技に入ることができる。（○◎） （A：崩し・体さばきをスムーズに行うことができる。）	【行動の確認，分析】 C：取や受，技のポイントを確認させる。
		思	課題に応じた練習方法を選んでいる。（○◎） （A：自他の課題を指摘し合い，練習方法を選んでいる。）	【行動の確認】【発言の分析】 C：技のポイントを確認し，練習方法を理解させる。
		技	基本となる投げ技に対しての受け身をとることができる。（○◎） （A：技に対応した受け身をとることができる。）	【行動の確認，分析】 C：受け身のポイントを確認させる。
		関	協働的かつ主体的に取り組み，仲間の学習を援助したりしようとしている。（○◎） （A：主体的な取り組みが見られ，仲間へ適切なアドバイスをしている。）	【行動の確認】 C：技に対して相手と組む時の崩しや体さばき，受け身を確認させる。
2	8 ｜ 11	思	課題に応じた練習方法を選んでいる。（○◎） （A：自他の課題を意識して，練習方法を選んでいる。）	【行動の確認】 C：取や受，技に対して崩し方や体さばきを整理し，再確認する。
		技	基本となる投げ技を身に付けて，相手を投げることができる。（○◎） （A：スムーズな体さばきから，相手を崩し，投げることができる。）	【行動の確認】 C：技のポイントを確認し，どの部位を見ればいいか確認させる。
		関	分担した役割を果たそうとしている。（○）	【行動の確認】 C：試合進行や審判方法を確認させる。
		知	技の名称や試合の行い方について，学習した具体例を挙げてまとめている（○◎） （A：学習した内容が具体的に挙げられ，自分の考えも挙げられている。）	【学習ノートの記述の分析】 C：授業の取り組みや仲間との関わりも思い出させながら記入させる。
3	12	関	自己や班活動での取り組み，学びについて振り返ることができる（○◎） （A：課題に対して，獲得した知識や技能，アドバイスを生かした取り組みがみられる。）	【行動の確認・学習ノートの記述分析】 C：今までを振り返り，自己の変容や理解できたことなどを具体的に確認させる。

主たる学習活動	指導上の留意点・言語活動の質を高める工夫 （★：学びの自覚を促す工夫）	時
【課題】 技を磨き合おう‼～習得した技を実戦で生かせるようにお互いの課題を見つけ教え合おう～ 【1年次の既習事項を動作確認しながら復習する】 ①個の確認 ・学習の見通しや進め方を知る。 ・柔道の特性，技術の名称や行い方について確認する。 ・柔道衣の着方，たたみ方，準備運動を確認する。 ・礼法や受け身の確認をする。 ②班での確認 ※班でアドバイスしながら準備運動，確認を行う。 　（体操，ゆりかご，後ろ受け身，横受け身，前転，わき締め，えび，前回り受け身など） 【投げ技を習得するために，次の活動に取り組む】 ・身体動作（歩み足，継ぎ足），体さばき，崩しの知識習得と練習 ・支えつり込み足，膝車，体落としの知識習得と練習 ・技に対応した受け身の習得（段階をおった練習） 　（受が両ひざをつく→中腰から→自然体から） ※必ずカウント「1・2 1・2 1・2・3」をとりながらタイミングをお互いに共有する。 ※受け身は落下の感覚を加えたものを練習する。 ・技のポイントや課題，解決方法や理解できたことを振り返り，学習ノートに記述して残す。	★活動班での時間を確保し，仲間と比較させることで自己の現状を把握させ，仲間へのサポートや課題を助言させる。 ・安全面に留意しながら取り組ませる。 　（服装・装飾品・髪爪・活動方向・間隔・畳の隙間・全員右組み） ★班活動でのアドバイスや実技書を用いて確認させる。 ・相手の動きに応じた技の入り方，返し方を見付けさせる。 ・審判法（ルールや審判の動作，合図），役割分担（競技者・審判・補助者），禁じ技の確認，安全面の確保ができるようにさせる。 ★ほめる言葉かけや本時のキーワード（学習ノートなどの振り返りから課題となる点を明確にした学びの視点）を連呼する。 ★体感したことも含めて，具体的に記入するよう補足する。	1 ｜ 7
【班で気付き合い，教え合う活動】 ・課題に応じて，かかり練習や約束練習を行う。 ・課題に適した練習方法や課題を見つけ合い，アドバイスをし合う。 ・簡易試合を通して技に磨きをかける。 　※簡易試合 　　① 取受を決め，30秒間取が動きながら技をかけ続ける。（投げない） 　　② 30秒間の中で技を5回連続かけたら1点（投げない） 　　③ 交流戦 ・技のポイントや課題，解決方法や理解できたことを振り返り，学習ノートに記述して残す。	・自然本体から投げ技の崩し，体さばき，受け身が取れるように意識させる。 ★投げ技の入り方から受け身までのポイントをデジカメを使用して視覚化することで，知識を積み重ねさせる。 ★実技書などを用いて確認させる。 ・かかり練習や約束練習を通して定着を図らせる。 ★班での時間を確保し，仲間へのサポートや課題などを助言させる。 ・試合では学習した技のみを使用するように促す。 ・他のグループとの間隔をあける。 ・審判法（ルールや審判の動作，合図），役割分担（競技者・審判・補助者），禁じ技の確認，安全面の確保ができるようにさせる。 ★体感したことも含めて，具体的に記入するよう補足する。	8 ｜ 11
・学習を通じて，自己の成長や伝統的な行動の仕方について振り返り，学習ノートにまとめる。	・武道と日々の生活の中のかかわりについて共通する場面や今後の学習内容にも繋がっていることに気付かせる。	12

保健体育科 実践例②

1 単元で育成したい保健体育科の資質・能力

　記録の向上，競争の楽しさや喜びを味わい協働的な学習において自己の課題に応じた運動の取り組み方を工夫し，課題解決できる力

2 単元について

　陸上競技は，「走る」「跳ぶ」「投げる」などの運動で構成され，記録に挑戦したり，相手と競争したりする楽しさや喜びを味わうことのできる運動である。

　本単元「走り幅跳び」では，自主的に取り組む態度を育成するとともに，「技能」だけではなく「知識」，「思考・判断」も含めたバランスのよい指導を心がける。またルールやマナーを大切にし，自己の責任を果たすことにも意欲をもち，健康に留意し，安全を確保する。そして運動観察の方法などを理解し，自己の課題に応じた運動の取り組み方を工夫できるようにすることをねらいとしている。

　本校生徒は，1年次より学級の生活班を授業の活動班とし，協働的な学び合いの中で様々な単元に取り組んできた。3年次は自己決定において種目選択を行い，選択者同士が選択した意思を尊重し，他者を受け入れ，出会った仲間と協働的な学び合いの中で班を構成して活動させる。そして，仲間とアドバイスし合う活動を通して，自己の課題に応じた運動の取り組み方を工夫させ，仲間の技能や記録向上を喜び合えるような関係づくりを目指したい。

3 単元の学びを支える指導事項（◎特に身に付けたい力，・機能的習熟を目指す事項）

◎記録に挑戦したり，相手と競争したりする楽しさや喜びを味わうことができる。

◎スピードに乗った助走から力強く踏み切って跳ぶことができる。

・これまで学習した知識や技能を活用して，自己やの課題に応じた運動の取り組みに方を工夫することができる。

4 学びの実現と自覚への指導の工夫

（1）授業を見通し，振り返る活動

　毎授業の始まりに学習ノートへ本時の自己課題について記入し，終わりには取組や課題に対して振り返る時間を確保する。記入の際には，その時の取組に即して具体的に記入することで，自らの知識や技能の積み重ねも確認でき，より自覚的な習得へつなげることが可能となる。

（2）課題解決過程の活用（個と集団を往復する学習活動）

　目標に向けた課題設定や課題解決を目指す授業展開を行う。「個」で学ぶ場面においても，また「集団」で学ぶ場面においても，課題解決過程（課題設定→練習計画→練習→試行→課題設定…）を意識することで「個」だけでは達成できない知識・技能の習得の積み重ねが期待できる。

（3）記録や学習用語の蓄積・視覚化

　付箋やICTなどを活用して，学習活動から気付いたことを記録し，それを蓄積することで知識や技能を共有し，互いに学びあえる場

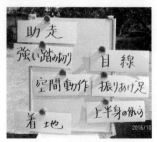

図1　学習用語の掲示

を設定した。例えば，学習過程でキーワードとなった「助走」「踏み切り」「空間動作」「着地」等までをカードにして，本単元中は常に提示し（図1），そこにポイントを追加・蓄積していくようにする。このように視覚化を図ることで生徒個々の学びの視点として活用することが可能となり，生徒はいつでもその学習用語を用いて自分の動作を振り返ることができるようになる。

5 授業の実際

　この単元は2年次にも取り組んでおり，選択した生徒の理由として「2年生の時の記録より伸ばしたい。」というものが多かった。2年次において計測ごとに記録が伸びる嬉しさや楽しさ，また悔しさに触れていることが伺えた。この生徒の願いを受けとめ，「相手に支えられてこその記録向上」を目指すことを共に確認し，今までと変わらない男女混合班を編成して男女分け隔てなく教え合える環境づくりを行った。

　混合班において授業をすることは指導において大変有効だと考える。それは，男女の実力差や体格差に関係なく他者をありのまま受け入れることが自然と身に付き，体育を苦手とする生徒も「できない」ことを揶揄されず，安心して授業に向かえる雰囲気が築き上げられるからである。

　計測では（図2・図3），記録に挑戦する真剣な生徒に対して，より記録が伸びるようアドバイスする生徒がいたり，失敗しても「ドンマイ！」と笑顔で返したりする姿が見られ，

図2　計測の様子

図3　学習の成果を実践する生徒

図4　視覚からの学び（イメージ作り）

図5　道具の工夫

和やかな関係性が見えた。

　技能の習得では，学習用語（図1）や技能のポイントを写真で掲示（図4）したり，課題に向けた道具の工夫（図5）をしたりした。そうすることで言葉と体の動かし方がイメージでき，より課題解決に向けた取組につながった。

　また，取組への見通しと振り返りを毎時間学習ノートに記入させたことで，専門用語と体得した感覚等（暗黙知）をすり合わせた言葉で今回の学びが記録され，次時に向けた見通しを持つことにも繋がった。さらに，他者に対しての尊敬も含め，その日のMVPを記入させることで，互いの関係性をより良いものにし，技能の習得にとどまらない共に学ぶことへの意義が自覚されたと考える。

（関　さおり）

[資料]　資質・能力育成のプロセス（8時間扱い）

次	時	評価規準 ※（　）内はAの状況を実現していると判断する際のキーワードや具体的な姿の例	【　】内は評価方法 及び Cの生徒への手だて
1	1 ｜ 4	関　学習の進め方や準備運動の行い方，学習課題について理解しようとしている。　　　　　　　（○） 知　走り幅跳びの特性や技術の名称を理解している。　　　　　　　　　　　　　　　　　　　（○）	【行動の観察・学習ノートの記述確認】 C：資料集などを用いて，これからの見通しや特性，技能について確認させる。 C：学習ノートへ具体的な記入方法を確認させる。
		関　役割を果たそうとしたり，自主的に取り組もうとしたりしている。　　　　　　　　（○◎） 　　（A：円滑な記録会を進めようとしている。） 関　互いに助け合い教え合おうとしている。　（○）	【行動の観察】 C：役割分担や計測方法をホワイトボードで再確認させる。
		思　自己の課題に応じた運動の行い方の改善すべきポイントを見つけている。　　　　　　　　（◎） 　　（A：具体的な課題を見つけられている。） 知　技術の名称や行い方について，学習した具体例を挙げたり，書き出したりしている。　　（○）	【行動の観察・分析】 C：デジタルカメラ（動画）を見ながら技能チェックカードを活用したり，資料集などで比較させたりして課題点を見付けさせる。 【行動の観察・学習ノートの記述確認】 C：副教材を活用し，ことばと活動の状況を整理させまとめさせる。
		関　互いに助け合い教え合おうとしている。　（○） 思　自己の課題に応じて，適切な練習方法を選んでいる。　　　　　　　　　　　　　　　　　　（○） 思　仲間に対して，技術的な課題や有効な練習方法の選択に関して指摘している。　　　　　　（○）	【行動の観察】 C：役割分担方法を再確認させる。 【行動の観察】 C：具体的な課題を立てさせ，適切な練習方法を考えた上で選択させる。
		知　学習した具体例を挙げたり，運動観察の方法などについて理解したりしたことを書き出している。　　　　　　　　　　　　　　　　　　（○）	【学習ノートの記述確認】 C：名称や行い方について資料集などを用いて振り返らせ，課題等について分析し直すよう指摘する。
2	5 ｜ 8	技　リズムアップして踏み切ったり，振り上げ足を素早く引き上げたりすることができる。　（○） 思　自己の課題に応じて，適切な練習方法を選んでいる。　　　　　　　　　　　　　　　　　　（○）	【行動の観察】 C：技能のポイントや練習方法を確認させる。 【行動の観察】 C：具体的な課題を立てさせ，適切な練習方法を考えた上で選択させる。
		関　互いに助け合い教え合おうとしている。　（○） 技　スピードに乗った助走から力強く踏み切って跳ぶことができる。　　　　　　　　　　　　（◎） 　　（A：自分に合った助走や跳び方ができる。） 思　陸上競技を継続して楽しむための自己に適した関わり方を見付けたり，変容について具体的に挙げたりしている。　　　　　　　　　　（○◎） 　　（A：最初と最後を比較し，自己の変容を具体的に挙げている。）	C：役割分担方法を再確認させる。 【行動の分析】 C：技術のポイントを再確認させたり，身体の使い方を動画で比較させたりする。 【行動の観察・学習ノートの記述分析】 C：自己の変容や理解できたことなどを振り返り，具体的に記入させる。

○は主に「指導に生かすための評価」，◎は主に「記録するための評価」

主たる学習活動	指導上の留意点・言語活動の質を高める工夫 （★：学びの自覚を促す工夫）	時
・学習の見通しや進め方を知る。 　＊準備運動の行い方〜身体を運動モードに切り替える 　（ランニング・体操・ストレッチ・スタートダッシュ・ 　ステップ走など） ・走り幅跳びの特性や技術の名称について確認する。 　【課題】スピードに乗った助走から力強く踏み切り 　　　　跳び方を工夫して記録に挑戦！ ・第1回記録会 　『今の跳び方と記録を知り，課題を見付ける。』 　＊計測方法，役割分担，記録会の進め方を理解する。 ・基本的な技能練習を行う。 　＊加速・中間・踏み切り前の助走 　　→歩数を決めた助走，ミニハードル走 　＊踏み切り 　　→ミニハードル1歩走で踏み切り姿勢 　＊空間動作 　　→上半身の柔軟性とタイミング 　＊着地 　　→長座しながら着地姿勢のイメージトレーニング ・課題解決に取り組む。 　＊グループ内で動き方のポイントを確認したり，アド 　バイスし合ったりする。 ・学習した内容や課題解決に向けた取り組みを学習ノートにまとめる。	・学習の進め方，学習ノートの記入方法，準備運動の 　仕方などを確認し，理解させる。 ・副教材を活用し，視覚と合わせて動きを捉え，名称 　等が理解できるようにさせる。 ・ホワイトボードに計測方法や記録会の進め方等につ 　いて視覚化し，理解させる。 ★デジタルカメラを活用させ（動画撮影），課題を見 　付けさせる。 ★副教材を活用したり，仲間からのアドバイスを書き 　留めさせたりする。 ★仲間の技能の良いところを写真に撮り，それを掲示 　し，必要なポイントを入れて具体的な課題に気付か 　せる。 ★キーワードを視覚化し，動きと合わせて理解させ感 　覚をつかませる。 ・課題に合った練習方法を選択させる。 ★副教材を活用したり，デジタルカメラ（動画撮影） 　を活用したりして比較しながら課題を解決させる。 ★仲間からのアドバイスや学習した技術の名称等，行 　い方について具体例を挙げながら記入させる。	1 ｜ 4
・第2回記録会 　『課題を克服して，さらにより良い跳び方や記録へ挑 　戦する。』 　＊基本的技能の習得状況を確認する。 　＊課題解決し，さらに新たな課題を見付ける。 ・課題解決に取り組み，最終記録会へ備える。 ・第3回（最終）記録会 　『自己最高記録を求めて』 ・学習を通して，自己やチームの成果や反省について振り返り，学習ノートにまとめる。	★デジタルカメラを活用させ（動画撮影），以前の状 　態と比較させ，課題を見付けさせる。 ★仲間の写真を提示し，必要なポイントを入れて具体 　的な課題に気付かせる。 ★副教材を活用したり，仲間からのアドバイスを書き 　留めさせたりする。 ★仲間と賞賛し合える雰囲気をつくる。 ・学習内で他の学習と共通する場面があったことや今 　後の学習内容にも繋がっていくことを意識させる。	5 ｜ 8

実践例①

技術・家庭科
【技術分野】

1　技術・家庭科【技術分野】で育成する資質・能力と実現したい生徒の学ぶ姿

『審議のまとめ』を踏まえると，技術分野における目指すべき学ぶ姿は，安全性，生産効率，環境への負荷等を踏まえながら，設計や工具の選択を行ったり，自らの作業を客観的に評価し，最適な方法，改善策を考え，実践しようとしたりする姿であると考える。

2　学びの自覚につなげるための指導の工夫

鹿毛雅治氏は，「『心理的没頭を伴う意欲的な体験』から『リフレクションを通しての学びの実感』を繰り返し行うことで，思考が習慣化され実生活への実践へとつながっていく」と考えており，このことを実現するために，本校の技術科では，授業の中に次の3つの工夫を取り入れた。

(1) 生徒たちにとって必然性のある題材構成

題材に必然性を持たせるためには日常生活とのかかわりが大切な要素になってくる。そのため今年度は，身の回りの課題から製作するものを決定したり，日常で目にするCMなどの題材を取り上げたりした。

(2)「見通す・振り返る」学習活動の充実

自分の考えが授業を通してどのように変化していったかを明らかにするため，作業の流れに沿った振り返りシートを準備した。そのシートを基に生徒は，自らの思考の流れを振り返り，次の活動への見通しを立てていく。

(3)「個」と「集団」の思考を深め合える学習活動

設計や計画を考える際に，お互いに意見を交換し合い，話し合いも含めながら作業を進め，最後は「個」に戻すことで，多くの考えに触れながら学びがより深まっていく。

3　生徒の学びをどう解釈するか

技術科において生徒の学びを評価するためには，前回の学びからどのように考えが深まっているのかに目を向けると同時に，技術の見方・考え方を働かせて考えられているかを生徒のつぶやきやプリントへの記述等から見取っていくことが大切である。そして，教師には，それを基にしながら次への課題を設定したり，指導の改善を図ったりするなど，次の学びを構想していく力が求められる。

4　これからの実践に向けて

技術の見方・考え方と関連付けながら，生徒たちが自らの学びを自覚していくことは，実生活の中で技術を適切に評価し，活用する能力や態度へとつながっていくと考えられる。

技術科の教員として，生徒の学びにどう寄り添えるかを今後も考えていきたい。

●参考・引用文献

1）鹿毛雅治(2007)『子供の姿に学ぶ教師「学ぶ意欲」と「教育的瞬間」』，教育出版

技術・家庭科【家庭分野】

1　技術・家庭科【家庭分野】で育成する資質・能力と実現したい生徒の学ぶ姿

　家庭分野では，生活の中から問題を見いだして課題を設定し，それを解決する力や，よりよい生活の実現に向けて，生活を工夫し創造しようとする態度等を育成することを目標とする。そこで目指すべき学ぶ姿は，人の生活の営みに係る多様な生活事象を様々な視点で捉え，生涯にわたって自立し共に生きる生活を創造するために工夫する姿である。

2　学びの自覚につなげるための指導の工夫

(1) 生徒たちにとって必然性のある題材構成
　日常生活の中から課題を見いだし，生徒が「自分でできるようになりたい」と意欲をもって取り組めるような，必然性のある課題を設定する。

(2)「見通す・振り返る」学習活動の充実
　生徒が何のためにこの学習をするのか，どんな力を身に付けるのかがわかる「見通し」と本時の学びから何を得たのかを考え，実生活につなげる「振り返り」を行う。特に振り返りの「場面設定」が重要である。例えば食生活や消費生活の分野においては，「商品の選択」の場面で学習を振り返ることで考えが深まる。

(3)「個」と「集団」の思考を深め合える学習活動
　生徒は学んだ知識を生かして自分で考えた後，グループの意見を聞くことで新たな気付きを得る。その意見を受けて，もう一度自分の生活に合わせて考えることで学びを深めることができる。

(4) 思考の流れを記入できるワークシート
　思考の流れを記入できるワークシートを作成し，1時間ごとの振り返りを重ねていく中で，生徒は自分の考えの深まりに気付くことができる。

3　生徒の学びをどう解釈するか

　家庭科の学習において，生徒がよりよい生活の実現に向けて学びを自覚することで，生活の中で実践していくことができると考える。そのために，日々の授業のワークシートより見取った生徒の考えを次の授業で活用し，つながりを持たせていくことを心がけている。また，グループ活動においても，生徒のつぶやきに耳を傾けて声をかけたり，得た情報を全体に共有したりすることを心がけている。

　さらに，題材の始めと終わりに同じ質問をすることで，1時間目の始めには気付かなかった視点や考えの深まりを見取る工夫をしている。

4　これからの実践に向けて

　これからも生徒の実態を把握し，学びたいと思えるような課題設定を行うこと，学んだことを実生活で活用したいという実感が得られるような授業の工夫を行っていきたい。

技術・家庭科【技術分野】実践例①

1 題材で育成したい技術科の資質・能力

安全性，生産効率，環境への負荷等を踏まえながら，材料と加工に関する技術を評価し，最適な製造方法を導き出すことができる力

2 題材について

本題材は，A 材料と加工に関する技術(2)(3)にあたり，製作品の設計，作品の製作（材料取り，部品加工，組立て・接合，仕上げ），製作の振り返りを行っていく。

今回，製作する製品は，自らの日常生活の課題の中から決定していく。そのため，生徒それぞれが日常生活と関連付けながら考えることができ，必然性をもって取り組むことができる。さらに，今回は「一枚の板からの製作」という限られた条件を設定したり，道具の利点・欠点について考え，それに基づいて複数の道具の中から使用する道具を決定したりするなど，技術の見方・考え方の視点（環境的側面，社会的側面，経済的側面）についても考えさせていく。

生徒たちは１年次に木材を利用したLEDスタンドの製作を行っており，木材の性質や製品の設計方法，基礎的な木材の加工法についての知識と技能を身に付けている。よって，本題材はその能力を活かしながら，より高度な設計を行い，木材の加工法について安全面や生産効率等に着目しながら，自分自身にとって最適な方法を考えたり選択したりできるような能力と態度を育てていきたい。

3 題材の学びを支える指導事項（◎特に身に付けたい力，・機能的習熟を目指す事項）

- 材料の特徴と利用方法を知ること。（A(2)ア）

◎材料に適した加工方法を知り，工具や機器を安全に使用できること。（A(2)イ）

◎材料と加工に関する技術の適切な評価・活用について考えること。（A(2)ウ）

- 構想の表示方法を知り，製作図をかくことができること。（A(3)イ）
- 部品加工，組立て及び仕上げができること。（A(3)ウ）

4 学びの実現と自覚への指導の工夫

(1) 生徒たちにとって必然性のある題材構成

生徒が主体的により深い学習を進めていくうえで大切なのは，教師側が生徒たちにとって必然性のある題材を設定することである。題材に必然性を持たせるためには日常生活との関わりが大切な要素になってくる。

(2)「見通す・振り返る」学習活動の充実

生徒が題材の中で自らの活動を見通したり，振り返ったりできるように作業の流れに沿った振り返りシートを準備した。その日の活動のまとめとして，振り返りシートに活動の中で意識したこと，考えたこと，次の活動への課題を記入させる。生徒はその振り返りシートを見直すことで，その時間自らが何を考えどういう行動をとったのかを確認することができるとともに，次の活動の前には，その振り返りシートを確認することで，その日の自分の活動に見通しを持つこともできる。

(3)「個」と「集団」の思考を深め合える学習活動

学習の中で，他の人から客観的な意見をもらうことでより多くの情報を得ることができ，それを基に再度個人で考えることで自分の考えをより深めていくことができる。また，

製作の場面では，お互いの作業を観察し評価し合うことで，自らの作業を客観的に捉え，良かった部分，改善が必要な部分を次の作業に生かすことができる。

5　授業の実際
（1）製作品の設計
　製作品の設計の場面では，自らの日常生活を振り返り，課題を見つけ，そこから製作していく製品を決定していく流れを取り入れた。実生活と関連付けたことで，生徒たちは日常生活と照らし合わせながら製品の使用目的や使用条件に即した機能や構造を意欲的に考えることができていた。また，設計の場面では，自分の構想を班の人に発表し，もらった意見を参考に再度構想を考える活動を何度か取り入れた。他の人から得たより多くの情報を基に再度個人で考えることで，自分の考えをより深めていくことができていた。

（2）部品加工，組立て・接合
　材料の加工では，それぞれの作業で，1年時に学習した工具の使い方や作業において注意する点などの既習事項を確認してから作業を行った。多くの生徒が作業のポイントを確認しながら効率よく製作ができていた。
　材料の切削の際には，安全性や生産効率を考えられるように，自らの経験や知識を基にしながら，それぞれの切削工具のプラス面とマイナス面を考え，切削のどの場面で使用していくかを各自表にまとめていった。表にまとめることで自らの活動や考えを自覚することができるとともに，工具の特徴や使用方法を再確認することができていた。さらに，個人でまとめたものを基にしながら，班で話し合い1つの表にまとめていく活動（図1）も取り入れた。多くの考えに触れることで，自らの考えを整理するとともに，新たな気付きも得ることができていた。活動を終えての生徒たちの感想の中には，「普段の生活でも道

図1　切削工具の使用場面を検討

具のプラス面・マイナス面を考えることは大切だ。」などの記入が多くあり，日常生活にもつなげていこうという姿勢も確認することができた。
　毎時間授業の最後には，作業の流れに沿った振り返りシートを記入し，自らの学びを振り返っていった（図2）。作業の流れに合わ

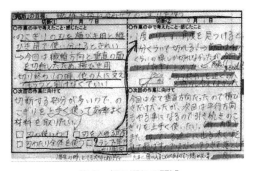

図2　振り返りの記述

せた振り返りを行っていくことで，学習の過程の中で自らの考えがどう変容していったかや深まっていったかを生徒それぞれが自覚し，次の学習へとつなげることができていた。また，生徒たちの振り返りに対して，成長した点や，技術的な見方・考え方をしている部分に教師がコメントをすることで，生徒たちも大切なポイントをしっかりと意識することができていた。

（佐々木　恵太）

[資料]　資質・能力育成のプロセス（19時間扱い）

次	時		評価規準 ※（　）内はAの状況を実現していると 判断する際のキーワードや具体的な姿の例	【　】内は評価方法 及び Cの生徒への手だて
1	1	関	省資源や安全面を考慮して設計しようとしている。（○）	【ワークシートの記述の確認・分析】 C：いくつか例を提示し，仲間の様子も観察させながら構想を考えさせる。
		工	使用目的や使用条件に即して製作品の形状，寸法を決定している。（◎） （A：環境的側面，社会的側面も踏まえ，製作品の形状，寸法を決定している。）	
	2 ｜ 3	関	製品を丈夫にする方法を比較・検討し自らの作品に生かそうとしている。（○）	【ワークシートの記述の確認・分析】 C：見本を提示し，作業がイメージしやすいようにする。
		工	より丈夫な構造・補強ができている。（◎） （A：製品の構造や使用できる材料を踏まえて，より丈夫な構造・補強を決定する。）	
	4 ｜ 6	技	製作品の構想を等角図かキャビネット図でかき表すことができる。（◎） （A：正確で詳細な図面の作製ができる。）	【構想図・材料取り図・部品表の分析】 C：教科書でかき方や手順を確認させる。 【作業の確認】 C：教師が手本を見せ，かき方を確認させる。
		知	等角図，キャビネット図の見方やかき方についての知識を身に付けている。（○）	
2	7 ｜ 17	技	工具や機器を安全に使用できる。（◎） （A：道具の安全な使用ができるとともに，正確な加工ができる。）	【ワークシートの記述の確認・分析】 C：ワークシートや教科書で工具の使い方を確認させる。 C：考えたことを細かく記述させるようにする。 【振り返りシートの確認・分析】 C：わからないこと難しかったことも記入させ，それに対してアドバイスを記入する。 C：振り返りシートを読み返し，ここまでの流れを振り返らせる。 【作業，製作品の確認・分析】 C：教師やほかの生徒の作業を見せ，イメージを持たせる。
		関	様々な道具を評価し，安全面と生産効率を考えながら作業しようとしている。（◎） （A：道具を比較・検討し，安全面と作業効率を考えながら加工しようとしている。）	
		知	材料の特徴および，材料に適した加工法についての知識を身につけている。（◎） （A：各工具や機器の名称，特徴，安全な使用方法など知識を身につけている。）	
3	18 ｜ 19	関	よりよい社会を築くために，材料と加工に関する技術を適切に評価し活用しようとしている。（◎） （A：環境的側面，社会的側面，経済的側面を踏まえ，自分の生活と関連付けて考える。）	【ワークシートの記述の分析】 C：作業を通して記録した記述を振り返らせ，本題材で得た知識や技術が生活でどのように活用できるか考えさせる。
		工	よりよい社会を築くために，材料と加工に関する技術を適切に評価し活用している。（◎） （A：社会的，環境的，及び経済的側面などの視点からの評価・活用できている。）	
		知	材料と加工に関する技術が社会にどのような影響を与えているか説明できる。 （A：社会的，環境的側面等の視点を踏まえて説明している。）	

主たる学習活動	指導上の留意点・言語活動の質を高める工夫 （★：学びの自覚を促す工夫）	時
自分の製作品の構想を考える。 【課題】身の回りを整理するための製品を作ろう！ ・実生活を振り返り，課題を解決するために必要な製品を考える。 ・条件等を確認したうえで製作品の仮構想を作成する。	★日常生活の中から課題を見つけ，必然性を持って取り組めるようにする。 ★自分の構想を班の中で発表させ，他者の考えを取り入れられるようにする。	1
製品を丈夫にする方法について考える。 ・課題をもとに材料の丈夫な組み方，補強方法について考え，実践する。 ・自分の構想に，製品をより丈夫にするための方法を書き加える。	★課題の見本を準備し，作業の見通しを持たせる。 ★補強の方法を文章と図で記入させ，自分の考えを整理できるようにする。 ・仲間の実践の成果もワークシートに記入させ，幅広い選択肢の中から自分の製品に最適なものを選択できるようにする。	2 － 3
製作に必要な図の作成 ・キャビネット図，等角図の書き方の復習・練習 ・自分の製作品の構想図，材料取り図，部品表の作製 ※環境への配慮(廃材の削減方法・再利用)についてもこの時点で考える	・いくつか練習問題を解き，既習事項を確認してからより高度な図面をかかせるようにする。 ★お互いの図面を見せ合い，正しくかけているか確認させる。	4 － 6
《材料取り，部品加工，組立て・接合，仕上げ》 ・毎回作業開始前に前時の振り返りシートの確認と工具の扱い方などの既習事項を確認する。 材料取り ・さしがねの使用方法の確認。・材料のけがきを行う。 切断 ・両刃のこぎりの使用方法確認。・材料の切断を行う。 材料調節 ・かんなの工具用方法の確認・工具の比較。 ・作業効率の良い工具選択を個人で考えた後，班で話し合い，1つの表にまとめていく。 接合 ・材料の接合を行う。 塗装，仕上げ ・製品の塗装を行う。・表面処理，仕上げをする。	・作業の見本を見せ，正しい方法がイメージしやすいようにする。 ★お互いの作業を観察し合い，自らの作業を客観的に振り返るとともに，他者の作業から新たな考えを導き出せるようにする。 ・作業を開始する前に工具の使い方など既習事項を確認する。 ★切削の流れを図で表し，自らの考えや活動を振り返りやすいようにする。 ★作業の流れに合わせた振り返りシートを準備し，自らの思考の流れや活動を振り返りやすいようにする。（全体通して）	7 － 17
製作の振り返り ・製作過程，製作品を日常生活で使用してみて感じたこと等を振り返りながら，自らの活動や今後の製作活動へ向けてのポイント等をワークシートにまとめていく。 ・材料と加工に関する技術の課題を検討し，自らが実生活の中でどう行動していくかワークシートに記述する。	★振り返りシートを参考にさせながら，自らの作業や製品を評価させるようにする。 ★仲間からの意見をもらい，自分の製品を幅広い面から評価できるようにする。	18 － 19

技術・家庭科【家庭分野】実践例①

1 題材で育成したい家庭科の資質・能力

人の生活の営みに係る多様な生活事象を様々な視点で捉え，生涯にわたって自立し共に生きる生活を創造するために工夫できる力

2 題材について

この題材は，学習指導要領C（1）アイにあたり，衣服と社会生活とのかかわりを理解して目的に応じた着用や個性を生かす着用を工夫できること，衣服の計画的な活用の必要性を理解して適切な選択ができることを学ぶ内容である。

本題材「失敗しない服選びをしよう」では，授業では衣服を購入する場面を想定し，衣服を手に取った際に表示を見ること，その表示には繊維や手入れの方法などの多くの情報があり，その情報を理解することでよりよい選択ができるということを考えていく。自分の生活に結びつけて考えられることをねらいとして，この題材を設定した。

3 題材の学びを支える指導事項（◎特に身に付けたい力，・機能的習熟を目指す事項）

◎衣服と社会生活とのかかわりを理解し，目的に応じた着用や個性を生かす着用を工夫できる。（C（1）ア）

◎衣服の計画的な活用の必要性を理解し，適切な選択ができる。（C（1）イ）

・衣服の働きが分かり，衣服に関心をもって日常着の快適な着方を工夫できる。

4 学びの実現と自覚への指導の工夫

(1) 生徒たちにとって必然性のある題材構成

毎日着用する衣服がどうして必要なのか，どんなはたらきをしているのか考えていく。中学生として適切な衣服が選択できるよう，どのようなことに留意して購入していくのか，実際の購入場面と結び付けて理解を深めていく。

(2)「見通す・振り返る」学習活動

何のためにこの学習をするのか，どんな力を身に付けるのかという「見通し」と本時の学びから何を得たのかを考え，実生活に結び付ける「振り返り」を行う。1時間目に目的に合わせた衣服の着用ついて学び，衣服の選択をする際の留意事項について理解するという「見通し」を持たせ，実際に衣服をどのように選択をするのか考えるという活動を通して「振り返り」を行い，自分の生活に結び付けていく。

また，食生活や消費生活の分野においても物を選択する内容があるので，この学習を振り返りながら考えを深めていく。

(3)「個」と「集団」の思考を深め合える学習活動

学んだ知識を生かして自分で考えた後，グループの意見を聞くことで新たな気付きが見つかる。その意見を受けて，もう一度自分の生活に合わせて考えることで学びが深まる。本題材においては，実際に自分が買うことを想定し，どんなTシャツをどのように選択するか考える際に行う。

(4) 思考の流れを記入できるワークシート

家庭科の学習において，よりよい生活の実現に向けて学びを自覚することで，生活での実践力につなげることができると考える。そのために，思考の流れを記入できるワークシートを作成した。そうすることで，生徒一人

一人の学びの深まりを見取ることができる。

また，そのワークシートより見取った生徒の考えを次の授業で活用し，前時とのつながりを持たせることができる。

5　授業の実際

(1) 自分の現状を把握し，学びにつなげる

授業のはじめに「服を購入する際に，様々な視点から考えていますか？」という質問をし，今の自分の状況を把握できるように，具体的に考えている視点についても記入させた。「親に買ってもらうから気にしていない」という生徒もいる反面，「デザインや値段を重視している」という生徒も見られた（図１）。

服を購入する際に、様々な視点から考えていますか？ ○を付けてください。
（ 具体的に考えている・考えている・あまり考えていない・考えていない ）
具体的には…
・値段　・色やもよう
・形　・自分の持っている服を想像してどんなコーデがつくれるか。

図１　ワークシートの記述（１時）

(2) 生徒が主体的に学ぶための工夫

商品を選ぶ際の視点になることを確認した。特に表示に書かれている情報を丁寧に読み取った。組成表示の繊維について，繊維別に教師の与えた資料を用いてジグソー学習を行った。

前時に学んだことを実際に確認するため，各自が持ってきたＴシャツを用いて，グループ活動を行った。その際，①どのような場面で着るＴシャツなのか，②なぜそのデザインや色を選んだのか，表示に何が書いてある

図２　グループ活動の様子

か，③なぜこのＴシャツを買ったのかについて，意見交換をした（図２）。わかったことを発表した際，「Ｔシャツの素材は，ポリエステルと綿が多い」や「日本で作られたものが少ない」，「TPOに合わせた選択をしている」などの気付きが見られた。

(3) 個に戻って，学びを深める

授業で学んだことや，仲間の気付きや選択の視点を参考に，実際に購入する際のＴシャツについて考えた（図３）。自分が頭で考えていることや学んだことを，視覚化しながら整理することができた。

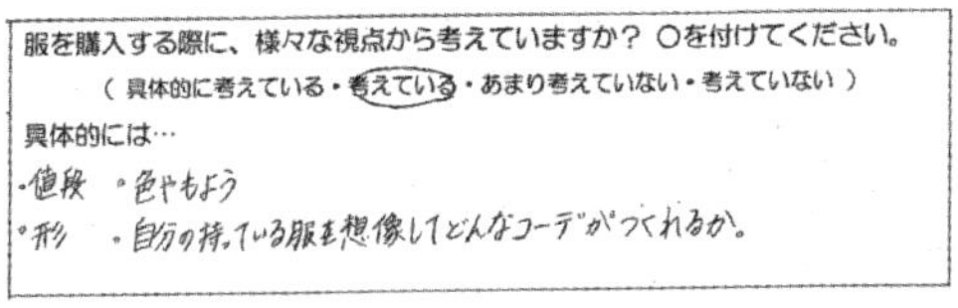

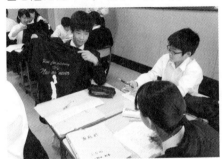

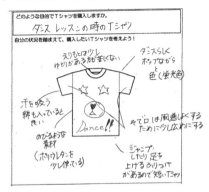

図３　購入したいＴシャツ

最後に，再度授業のはじめの質問「服を購入する際に，様々な視点から考えられますか？」を投げかけた。生徒によってスタートもゴールも異なるが，それぞれの思考の深まりを見取ることができた。ワークシートに同じ質問について記入することで，生徒自身も学びを自覚することができる（図４）。

服を購入する際に、様々な視点から考えられますか？ ○を付けてください。
（ 具体的に考えられる・考えられる・あまり考えられない・考えられない ）
具体的には…
・色やもよう　・形　・値段
・自分の持っている服とのバランス　・布地の厚さやはだざわり
・繊維 → どんな素材でどんな特徴があるか。それによって，どんな時に着れるか。手入れの仕方はラクか。など
・サイズ → これから成長するので少し大きめのサイズを買っておこう。」などを考えて，ゆとりをもつ。

図４　ワークシートの記述（最終時）

（池岡　有紀）

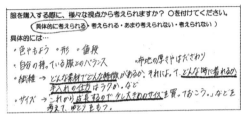

次	時	評価規準 ※（　）内はAの状況を実現していると 判断する際のキーワードや具体的な姿の例	【　】内は評価方法 及び Cの生徒への手だて
1	1	関　衣服と社会生活とのかかわりに関心をもち，時・場所・場合に応じた衣服を着用しようとしている。（○）	【行動観察】 C：自分の普段の服装について考えさせる。
		工　目的に応じた衣服の適切な選択について，収集・整理した情報を活用して考え，工夫している。（○◎） （A：目的に応じた選択の具体的な記述）	【ワークシートの記述の分析】 C：自分の生活の中で，無理なくできる工夫はないか考えさせる。
	2 ・ 3	技　既製服を選択するために必要な情報を，収集・整理することができる。（○◎） （A：具体的な記述）	【ワークシートの記述の分析】 C：グループ活動を通して，新たな視点に気づかせる。
		知　衣服の計画的な活用の必要性を理解している。（○）	【行動観察】 C：いろいろな場面を想定して，考えさせる。
		工　目的に応じた衣服の適切な選択について，収集・整理した情報を活用して考え，工夫している。（○◎） （A：自分の生活に合わせた具体的な記述）	【ワークシートの記述の分析】 C：自分の生活を思い出し，より快適になるように考えさせる。
		関　衣服と社会生活とのかかわりに関心をもち，時・場所・場合に応じた衣服を着用しようとしている。（○◎） （A：繊維やサイズ、着心地など複数の視点）	【ワークシートの記述の分析】 C：授業を通して，新たにわかった視点について考えさせる。

主たる学習活動	指導上の留意点・言語活動の質を高める工夫 （★：学びの自覚を促す工夫）	時
・衣服のはたらきや目的に合った服装について，視聴覚教材を使って学習する。 ・遊び，運動，スキー教室，結婚式などの場面を自分で設定し，目的に応じた服装をコーディネートする。工夫した点を説明し合う。	・これからの学習の動機付けになるよう，衣服のはたらきについて視覚的教材を使って理解させる。 ★学んだことを生かして，実際にコーディネートを考える機会とする。	1
【課題】失敗しない服選びをしよう。 ・服を買う際，どうやって買うかを考える。 また，本当に必要なのか，人から譲り受ける方法はないか，既製服を買う以外の視点にも触れる。 ・採寸について知り，自分のサイズを理解する。 ・表示の意味ついて知る。組成表示の繊維については，繊維別に教師の与えた資料を用いてエキスパート活動を行い，その後ジグソー活動を通して様々な繊維について体験的に学ぶ。 ・衣服の選び方や試着することの意味について知る。 ・実際に自分が買うことを想定し，どんなTシャツをどのように選択するか学んだことを活用して考える。 ・グループごとに発表し合ってそれぞれアドバイスをもらい，個でもう一度考える。 ・今後，服を買う際どうやって買うかを考え，ワークシートに記入する。	★今の時点で，服を買う際の自分の視点に気付き，その視点が増えるように取り組むという見通しを持たせる。 ★考えの変容を記録できるワークシートを用意する。 ・サイズや表示の意味，繊維について学び，体験的に理解させる。 ★自分の家にあるTシャツを持ってこさせ，そのTシャツを班で見比べさせる。前回学んだ繊維はどのようなものが多く使用されているか，どのような場面で使用するものなのか，情報をまとめる。 ★学んだことを自分の生活に結び付けて考えられる課題を出す。 ★アドバイスをもらうことで，自分の考えを見つめ直す機会とする。 ★学習を通して，新たに増えた視点について記入するよう促す。	2 ・ 3

英語科

実践例①〜③

1　英語科で育成する資質・能力と実現したい生徒の学ぶ姿

　今年度の本校英語科の教科テーマは「学びの自覚を通して実践的コミュニケーション能力を高める授業の工夫」である。英語科では身近な話題について理解，表現，情報交換できるコミュニケーション能力を育て，相手を尊重し積極的にコミュニケーションを図ろうとする態度の育成を目指している。そのために，CEFRやCEFR-Jを参考にしながらタスクを設定し，課題を自分事として捉え，協働学習の中でお互いを高めあい，自ら課題を発見しながら学ぶ姿を実現したい。

2　学びの自覚につなげるための指導の工夫

　昨年度は，実際のコミュニケーションで使える新たな「知識・技能」の構築のために，次のような工夫を授業に取り入れるようにした。①実際に英語でコミュニケーションを図る場面の設定，②協働学習，③即興性を伴う活動，④自己評価である。特に④自己評価については，「知識・技能」を構築していく過程で，振り返りをして次に生かすという点において必要不可欠なものである。

　今年度は，生徒自身が「何ができるようになったか」を自覚するためにリフレクションを大事にしている。リフレクションは紙面のみに限らず，活動の中で生徒自身が感じ考えたことや教師によるリキャストも含む。村野井(2006)によれば，リキャストとは「学習者が特定の言語項目について文法的誤りを犯したときに，教師などが，学習者の発話をフィードバックとして学習者に返すもの」である。これにより「もっとできるようになりたい」「そのためにどうするのか」という思いを高め，次のPDCAサイクルへとつなげていく。

　具体的には以下の活動を行っている。

(1) 他者とのやりとりを通して学ぶ機会を多く作る

　発表活動の練習では，個人での練習から数人での練習，そして全体での発表を行う。最終的にまた個人でリフレクションをして，次の活動へとつなげていく。

(2) 社会とのつながりや学ぶ必然性のある題材を設定する

　英語使用場面として今後可能性があるものや，今の社会で行われていることや学校生活の中で関わりのあることなどを題材にし，生徒の「学びたい」気持ちを高める。

(3) 「学ぶ姿」を実現するための適切な支援

　英語で会話をしたり作文をしたりする場面で，生徒が話したいことや書きたいことを既習事項を活用していけるようにパラフレーズの方法を示す。

3　生徒の学びをどう解釈するか

　コミュニケーション活動を通じて，協働的に学び，思考を深める取り組みを経験するとどの生徒にも変化や成長が見られる。技能の向上や思考の変化を成長と捉え，自らの成長を実感することが，学びを支える重要な土台になると考え，次のように取り組んでいる。

(1) コミュニケーション活動前後の考えの言語化

　取り組み前後の自分の考え方を比較することで，自分の考えがどのように変化したのか気付くことができる。教師もその気付きを汲み取るように努める。

(2) リフレクションを行う際の発問の工夫

　リフレクションでは，技能面と思考面で発問を区別している。英語学習における技能面では，何ができて，何ができていないのかを確認するような発問にしている。思考面では協働学習の中で，感じ考えたことを確認できる発問にし，学ぶ意欲を高める。

(3) リフレクションした内容の生徒間での共有

　多様な考え方に触れる機会を作り出す。様々な考えに触れることが，思考についての引き出しを増やしていくことにつながると考えている。教師は生徒からの考えを一覧にしてまとめて提示したり，口頭で伝えたりする。

　このように，協働的なコミュニケーション活動への取り組みとリフレクションによる自身の成長の気付きを繰り返し，徐々にコミュニケーション能力を高めていくことを学びと捉えている。

4　これからの実践に向けて

　本研究を通して，活動前後のリフレクションにより生徒たちがより前向きに活動に取り組むようになった。また，私たち教師としても，今後の授業でどのような取り組みをして生徒の成長へとつなげていくべきかが分かった。

　英語科においては，英語の学習を通して生徒の心や多角的な考え方を育成していくことが使命である。本研究の中で，生徒の変化を見取るための方法が必要だということを強く感じた。また，世界や日本の社会に目を向け，どのような場面でどのような対応ができる生徒を育てていくのか，ということを念頭に置いて，タスクを設定していかなければならない。リフレクションにおいては，欧州の言語パスポートを参考にし，より生徒の成長を見取ることができるような方法を今後取り入れていきたい。

　手段や方法にとらわれすぎず，柔軟な発想をもって統合的な言語活動を取り入れることにより，生徒たちが英語を学ぶことに価値を見いだし，成長を実感できるような授業づくりを目指したい。

●参考・引用文献
1 ）鹿毛雅治(2007)「子どもの姿に学ぶ教師　『学ぶ意欲』と『教育的瞬間』」，教育出版
2 ）村野井仁(2006)「第二言語習得研究から見た効果的な英語学習法・指導法」，大修館書店

英語科　実践例①

1　単元で育成したい英語科の資質・能力

相手に効果的に伝えるための工夫について考え，表現するコミュニケーション力

2　単元について

パフォーマンス課題として，「日本の食文化」をテーマにプレゼンテーションを実施する。個人テーマは「海外に広く伝えたい日本の食べ物または飲み物」とし，各自で決定させる。場面としてはシンガポールで開催される「FOOD JAPAN 2016」という日本の食に特化した展示会において来場者を対象にプレゼンテーションを行うことを想定する。主体的・協働的な学びを通して効果的な表現方法を学ぶ機会とする。

また，プレゼンテーションを聞く側の生徒には，自分が実際に外国企業の商品採用担当者であるとしたら，どれを自国で販売したいかという視点を持たせ，全員のプレゼンテーション後にそれを選ばせる。

食という日常生活に密接に関わる文化・風習を他国の人々に広めるミッションを意識しながら取り組ませたい。基礎的・基本的な知識・技能の習得とともに，気付きや課題を今後の言語活動にどのように生かすのか整理させたい。

3　単元の学びを支える指導事項（◎特に身に付けたい力，・機能的習熟を目指す事項）

◎聞き手に伝わりやすい表現方法について考え，実践する。

・自分の考えや気持ち，事実などを聞き手に正しく伝える。

・テーマについて，自分の考えや主張を聞き手に対して分かりやすくプレゼンテーションする。

4　学びの実現と自覚への指導の工夫

(1) 学ぶ必然性を感じられるタスク

実在する展示会においてプレゼンテーションを行うというオーセンティックなタスクに取り組むことで，学ぶ意欲を引き出す。本物の会場雰囲気に近づけるため，本番は複数のブースを作り，発表を行う。

どんなに優れた内容であったとしても，聞き手にその素晴らしさが伝わらなければ意味がない。そこで，文法事項以上に，相手に伝わりやすい表現や，相手の印象に残るための工夫といった「相手意識」に重点を置くことを強調しておく。

(2) 学びのプロセスの工夫

テーマ決定及び原稿作成は，個人を主体とした学びである。まずはテーマを決定し，原稿を仕上げ，発表のイメージを掴み，個人練習を行う。次に，ペア・グループで発表練習を行い，態度や内容について友達から具体的なアドバイスを得る。ペア・グループワークを通して得た客観的な意見を元に，自分のプレゼンテーションを振り返り，改善を加え，プレゼンテーション全体の質の向上を図る。

(3) 変容や成長に気付くリフレクション

テーマ決定から発表まで，プレゼンテーションに関する活動全体を振り返る。課題に取り組む前に分からなかったことやできなかったことと，取り組み後に分かったことやできるようになったことを確認させ，自分自身の成長を認識させる。

また，自分とは異なる見方・考え方を受け止め，深く考え，その結果自分にとっての最

適解を導き出すという経験の過程を振り返る機会とする。

本番のプレゼンテーション発表について，結果的に自分は何ができていて，何ができていなかったのかを客観的に振り返り自覚させ今後の言語活動に生かすようにする。

5 授業の実際

(1) イメージの明確化と見通しの確認

実在する「FOOD JAPAN 2016」という展示会においてプレゼンテーションを行うことを想定しているため，まず，そのホームページを紹介し，その趣旨や過去の実績，会場写真・映像を見せ，会場のイメージを持たせて，その場に応じたプレゼンテーションを実施することを確認した。また，取り組みのプロセスを提示し，本番に至るまでの見通しを持たせた。

(2) 協働学習

本番前には，練習としてペアワーク→グループワークという過程を経たが，いずれにおいても，練習前に，Good Presentation のイメージを持たせ，それに近づくために自分はどのような点を重視し，意識するのかを整理させた。そして，練習後に振り返りを行い，自分の課題や友達の発表を見て気付いたことなどを整理させ，次につながるように促した。

また，グループワーク後には，ペアワークの時と比較して，改善したことやできるようになったことを確認し，自らの成長を自覚させた。

(3) 生徒への関わり・働きかけ

ペア・グループワークの際には，練習を重ねていく中で進歩や成長が見て取れた生徒に対しては，その事実を本人に伝えて褒め，成長を実感させるように促した。また，優れた発言や記述を認めた際には，全体共有を図り，全体のレベルアップに生かすようにした。

(4) 取り組み前後の比較による成長の確認

取り組み前後での考えや捉え方の変化を確認することで，生徒に自分自身の変容に気付かせ，成長を実感させることをねらいとして練習前，本番後にそれぞれ「What is good presentation?」という問いを投げかけてみたところ，練習前には，

- アイコンタクト
- 大きくはっきりした声
- ジェスチャー

といった技能に関する回答が多く見られたが，本番後には，

- 相手に伝えようという姿勢
- 相手の反応を見ることが大切
- 伝えようとする気持ちがある

といったより伝える姿勢に関わる回答が多く見られた。ペア・グループワークや本番を通して，友達からアドバイスをもらったり，友達のプレゼンテーションを見たりするという過程を経ることで，Good Presentation の条件をより具体的に捉えることができるようになったと考える。

また，練習前と本番後のプレゼンテーションスキルの変化について振り返りを行い，自らの進歩を確認させ，成長の気付きを促すようにした。(図1)

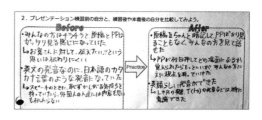

図1 練習前と本番後の比較

(田前　千春)

時		評価規準 ※（　）内はAの状況を実現していると 判断する際のキーワードや具体的な姿の例	【　】内は評価方法 及び Cの生徒への手だて
1	表	「日本の食文化」についてまとまりのある英文で説明している。（〇）	【原稿の確認】 C：最初は文章のまとまりを意識せず，一文ずつ簡単な英語で書くように促す。
2	関	アイコンタクト等，相手を意識して話そうとしている。（〇）	【活動の確認】 C：聞き手を見ながら表現するように促す。
	表	「日本の食文化」についてまとまりのある英文で説明している。（〇）	【原稿の確認】 C：一文ずつ書いた文を，順番を並べ替えまとまりのある文章になるように促す。
	関	課題を把握し改善に必要な手立てを考える。（〇◎） （A：活動を踏まえた具体性のある記述）	【ワークシートの記述の分析】 C：改善点を明確に記述するよう促す。
3	関	アイコンタクト等，相手を意識して話そうとしている。（〇）	【活動の確認】 C：聞き手を意識して表現するように促す。
	表	「日本の食文化」についてまとまりのある英文で説明している。（〇）	【原稿の確認】 C：友達の発表を参考に自分の原稿を見直し，改善や工夫を加えるよう促す。
	関	課題を把握し改善に必要な手立てを考える。（〇◎） （A：活動を踏まえた具体性のある記述）	【ワークシートの記述の分析】 C：改善点を明確に記述するよう促す。
4 ｜ 5	関	相手に伝わるように意識して話そうとしている。（◎） （A：アイコンタクト，声の大きさ等を含む態度全般）	【取り組みの観察】 C：アイコンタクト，声の大きさ等に注意するなど聞き手を意識して発表するように促す。
	表	英文が適切に使用され，相手に伝わりやすい内容になっている。（◎） （A：わかりやすくまとまりのある内容，発音）	【取り組みの分析】 C：進歩した点を指摘し，今後の言語活動の動機付けとなるよう促す。
	関	活動全体を通して得た学び，自分の変容・課題について整理する。（〇◎） （A：活動を踏まえた具体性のある記述）	【ワークシートの記述の分析】 C：改善点を明確に記述するよう促す。

主たる学習活動	指導上の留意点・言語活動の質を高める工夫 (★：学びの自覚を促す工夫)	時
・テーマを選択しプレゼンテーション原稿を作成する。 テーマ　Japanese Food	・実際のイベントで発表することを意識し, 聞き手にとって魅力的な内容になるよう工夫する。	1
・ペアワークで発表練習を行った後に相互評価を実施して自分のプレゼンテーションを振り返る。 ・原稿に手直しを加えた後, パートナーを変えて再びペアワークを行う。 ・ペアワークを振り返り, 改善点や課題等をワークシートに記述する。	・相手意識を持ちながら発表練習を行う。 ★相互評価により, 自分の発表を客観視し改善に繋げる。 ★振り返りにより, 気付いたことやできるようになったことを自覚し, グループワークに生かす。	2
・グループワークで発表練習を行った後に相互評価を実施して自分のプレゼンテーションを振り返る。 ・原稿に手直しを加える。 ・グループワークを振り返り, 改善点や課題等をワークシートに記述する。	・相手意識を持ちながら発表練習を行う。 ★相互評価により, 自分の発表を客観視し改善に繋げる。 ★振り返りにより, 気付いたことやできるようになったことを自覚し, 本番に臨む。	3
・クラス全員に向けてプレゼンテーションを行う。 ・聞き手は, 採用担当者として, どの食品が魅力的か考えながら聞く。 ・相互評価, 自己評価を行う。 ・プレゼンテーションに関する全活動を振り返り, 発見したことを記述する。	・相手意識を持ちながら発表する。 ・発表を現実のプレゼンテーションの場として捉え学ぶ必然性を認識する。 ・互いの課題や成長を確認する。 ★プレゼンテーション活動の取り組み前後の, 自分自身の変化を確認することで, 成長を実感する。	4 - 5

英語科 実践例②

1 単元で育成したい英語科の資質・能力

対話の中で，社会性を持つ話題について自分の考えや思いを伝える力

2 単元について

テキストでは登場人物が犬を育てる施設を訪れ，そこの職員と話し，ドッグトレーナーになりたいという希望を伝えることが会話形式で構成されている。そこで本単元では，海外の高校に留学するという場面設定で，英語で面接を受けるという課題を設けた。

生徒は前の単元で長期休暇のことについてスピーチを行っている。この単元では社会性を持つ話題について話せるようになってほしいと思い，職業について話すことを題材にした。また双方向のやり取りができる力を育てたいと思い，相手の話を聞く必要があるインタビュー形式にした。

3 単元の学びを支える指導事項（◎特に身に付けたい力，・機能的習熟を目指す事項）

◎質問を聞いて適切に応じること（ア聞くこと（ウ））

◎必要に応じて話し手に聞き返すなどして内容を確認しながら理解すること（ア聞くこと（ウ））

・様々な工夫をして，話し続けようとしている。（イ話すこと（エ））

・自分の考えや気持ちを聞き手に正しく伝えること（イ話すこと（イ））

4 学びの実現と自覚への指導の工夫
(1) 自分ごととして捉える課題

生徒が課題を自分ごととして捉えるためには，その単元以外とのつながりを感じる題材

を選び，学びの連続性を感じる課題の提示の仕方が必要だ。この単元と前の単元で登場人物が将来の夢を語っていたこと，「総合的な学習の時間」で職業体験の準備をしていることから，生徒たちの中で仕事への関心が高まる時期だと考えた。また前の単元で行ったスピーチと会話を比べ，前の単元とどう違うのか，何を身に付けるべきかを確認した。

(2) 協働学習を通して身に付ける学び

協働学習は英語の表現を身に付けるうえでも，相手とのやり取りを意識するうえでも，有効である。本単元ではパフォーマンス・テストを行う前に，小集団でリハーサルをし，その後相互評価を行った。ほかの生徒の表現を見聞きしたり，自分が使った表現がどの程度伝わったかを考えたりしながら，表現を磨かせた。また実際に相手を目の前にすることで，相手の質問を聞いて答えたり，必要に応じて質問を確認したり，つなぎ言葉を使って話をつなげたりして，相手を意識する機会が生まれた。そうすることで定まった枠を超えてコミュニケーションを続ける体験をさせた。

(3) 学びを意識するワークシート

この単元で身に付けたことを確認させることは，生徒が主体的に学ぶ上で大切だ。課題解決にどのように取り組んだのか，どのようなことができるようになったのか，どのようなことが学習中なのかということを書かせ，身に付けたことと今後の課題を意識させた。また教員が適切にコメントすることで，生徒のポジティブな感情を引き出すことが大切だと考えた。

5　授業の実際

(1) スピーチとインタビュー

前の単元でスピーチを行った後，本単元でインタビュー・テストを行うことを伝えた。その後で ”Which is difficult, speech or conversation? And why?” と質問したところ「大勢の人の前に立つことで緊張するからスピーチが難しい」「相手の話によって話す内容を変えていかなくてはならないので会話のほうが難しい」という意見が聞けた。この単元の課題を取り組むうえで，相手を意識すること，特に話を聞いてそれに対して適切に反応することが大切であるという確認ができた。

このことは単元で学習する中で繰り返し伝えた。本文を音読するときには，登場人物に分けて読む役割読みを行ったのだが，その際に相手の話を聞いて，それに対して答えるように指導した。ペアで練習するときに自分が話すことに一生懸命になるあまり，相手の発言を十分に意識できないということが時々起こる。これからも機会を捉えて，相手の話をしっかり聞くということを伝えていきたい。

(2) グループワーク

リハーサルでは質問者役と回答者役に分かれ，2分間で模擬面接を行った。質問者は「将来の夢」「その理由」「そのために頑張ること」を必ず聞き，そのほかにも5W1Hを使った質問をするように指示をした。聞かれることが予想できる質問にはよく答えていたが，予期しない質問に苦労をする生徒もいた（図1）。この活動の後で書いたワークシートには「具体例を挙げるなどしてもっと自分らしさを出していきたい」「英文はなるべくシンプルにした方がわかりやすい」という記述があった。各自に改善すべきところを意識させてからインタビューの本番に取り組ませることができた。

一方，相手の質問をきっかけに，自分が用

図1　リハーサルの様子

意していた英文を暗唱しているように見られる場面もあった。必ず即興の質問を作るという指示を出したほうが，より相手とのやり取りを意識させることができたと思う。

また短い時間で区切ってしまったので，答えをじっくり考える時間を与えることができなかった。そのような質問にどのように取り組ませるのかを今後の課題にしたい。

(3) ワークシート

ワークシートに「できるようになったこと」「学習中のこと」を書く欄を設けた。それを青，赤2色のペンで線を引いて返却することで，何ができて，何を学習中なのか，分かりやすくした（図2）。（なお本書籍では印刷の都合上，赤線「学習中のこと」は2重線で示した。）

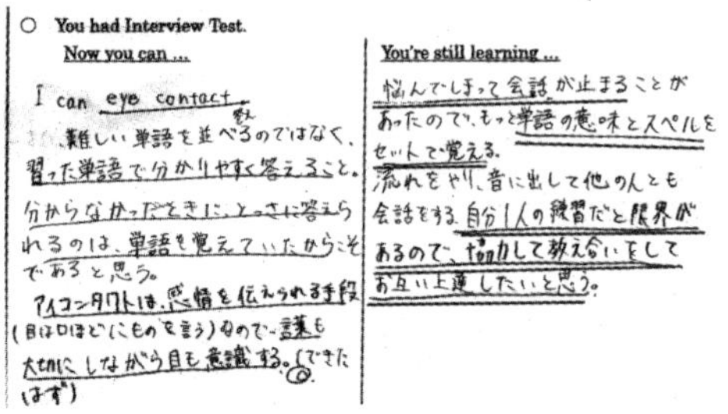

図2　ワークシートの記述

またインタビュー・テストの様子を録画し，それを基にコメントを書いた。生徒の活動を前向きに捉えて，フィードバックすることで，新たな学びへの意欲へとつなげたい。

（稲田　譲）

［資料］ 資質・能力育成のプロセス（12時間扱い）

次	時	評価規準 ※（ ）内はAの状況を実現していると 判断する際のキーワードや具体的な姿の例		【 】内は評価方法 及び Cの生徒への手だて
1	1	知	不定詞の副詞的用法を理解している。（○）	【ワークシートの記述の点検】【発言の確認】 C：既習事項と比較し，その特徴や決まりについて気付かせるように説明する。
	2	知	不定詞の形容詞的用法を理解している。（○）	【ワークシートの記述の点検】【発言の確認】 C：既習事項と比較し，その特徴や決まりについて気付かせるように説明する。
	3	知	must,mustn'tを使って，すべきことやしてはいけないことを説明する方法を理解している。（○）	【ワークシートの記述の点検】【発言の確認】 C：既習事項と比較し，その特徴や決まりについて気付かせるように説明する。
	4 ｜ 5	理	教科書本文の内容を理解している。（○）	【ワークシートの記述の点検】【発言の確認】 C：場面や状況を確認し，それぞれの登場人物の行動や発言に注目させる。
2	6 ｜ 7	表	将来就きたい仕事，その理由，学校でやりたいことの3点が関連性をもって答えることができる。（○）	【ワークシートの記述の確認】【活動の観察】 C：それぞれの答えの関連性を考えるように促す。
	8	関	発表者の発言に耳を傾け，お互いの発表を高めあう相互評価ができる。（○）	【ワークシートの記述の確認】【活動の観察】 C：級友の発表から良いところを探すように促す。
	9 ｜ 11	表	面接者の質問を理解し，的確にこたえることができる。（◎） （A：想定外の質問に対しても，答えることができる。）	【活動の分析】 C：相手の質問が分からなかった場合，聞き返すこともできることに気付かせる。
3	12	関	発表やその準備を振り返り，気付いたことを書かせる。（◎） （A：どのようにこの課題に取り組んだのかを書け，身に付けたこと，課題になっていることを意識できている。）	【ワークシートの記述の分析】 C：以前のワークシートを見比べながら，新しく気付いたことを考えさせる。

主たる学習活動	指導上の留意点・言語活動の質を高める工夫 (★:学びの自覚を促す工夫)	時
• 不定詞の副詞的用法を理解し, 練習をする。	★前の単元で行ったスピーチと会話のどちらが難しいかを考え, 単元の連続性を意識させる。 • 実際の使用場面を意識した具体例を示し, パターンプラクティスを行い, 定着を図る。	1
• 不定詞の形容詞的用法を理解し, 練習をする。	• 実際の使用場面を意識した具体例を示し, パターンプラクティスを行い, 定着を図る。	2
• must, mustn'tの用法を理解し, 練習する。	• 実際の使用場面を意識した具体例を示し, パターンプラクティスを行い, 定着を図る。	3
• 教科書本文の音読練習と内容理解をする。	★本文の登場人物に分けて, 相手の顔を見ながら音読するように促し, 教科書を読み上げることと, 話すことの違いについて意識させる。	4 — 5
【課題】 Imagine there is a school to make your dream come true. You have to fill out a form and take an interview. • 架空の海外の学校のアドミッション・ポリシーを提示し, そこから面接の準備として質問の答えを考える。	• 面接を行うときは覚えた英文を暗唱するのではなく, 相手の質問に答えることに注意させる。	6 — 7
• 生徒同士で面接をしあい, 相互評価を行う。 • 複数回繰り返した後, 面接の答え方を考える。	★事前に聞き返す表現を練習することで, その場でのやりとりができるように指導する。 ★面接の練習を繰り返し, 相互評価を行い, よりよい答え方に気付かせる。 ★練習で気付いた面接でのポイントをまとめさせる。	8
• ALTが面接者となり, 生徒は質問に答える。	★予測していない質問を入れることで, 即興性を高める。	9 — 11
• 今までの学習活動を振り返る。	★今までのワークシートを見比べながら, 本単元でどのような力を身につけたのか, どのようなことに気付いたのかを考えさせる。	12

英語科 実践例③

1 単元で育成したい英語科の資質・能力

身近な話題について自分の意見をもち，根拠を示して意見を交換する力

2 単元について

教科書COLUMBUS21(光村図書)に，「給食と弁当どちらがいい？」という題材がある。トピックについて，既習事項を用いて賛成や反対の立場で簡単なディベート活動を行うものである。賛成や反対の立場を明らかにして意見を述べる活動は，小学校から主に国語科で導入されており，また高校でも実施される。中学校英語では，小学校で学んだことを発展させ，高校へとつなげていくようなディベート活動を取り入れる必要があると考える。

3学年では，帯活動としてディベート活動を行っている。最初は簡単なトピック，例えば「AとBのどちらが良いか」というものを中心に取り上げ，その場で意見がすぐに言えるような課題を設定していた。回数を重ねるにつれて少しずつ社会的な話題を取り入れ，ディベート活動を行ってきた。

本単元ではグループによるディベート活動を通じて，論理的思考力や批判的思考力の素地を育て，国際社会に通用する多角的な考え方の育成を目指す。

3 単元の学びを支える指導事項（◎特に身に付けたい力，・機能的習熟を目指す事項）

◎相手に理解してもらえるように，別の語句や表現で言い換えたり，説明して伝えたりするなどの工夫をしようとする。

◎場面や状況にふさわしい表現を知る。

◎人々のものの見方や考え方などの違いについて理解する。

- 自分の考えや気持ち，事実などを聞き手に正しく伝える。
- 話の内容や書き手の意見などに対して感想を述べ，賛否やその理由を示したりなどすることができるよう，書かれた内容や考え方などを捉える。

4 学びの実現と自覚への指導の工夫
(1) 必然性のある課題の提示の工夫

生徒が発信したいと思える課題，また，どのような力を身に付けさせるかという視点で題材を選択することが重要である。本単元では根拠をもって意見を伝えるため、帯活動を活用した。

まず，今回の活動を実践するまでに帯活動として2年次より数か月単位で

基本文による会話練習
↓
比較級を使って意見を言う
↓
既習事項＋身の回りの話題でディベート
↓
既習事項＋社会的な話題でディベート

と、徐々にディベートの要素を加えながら，丸1年以上かけて活動してきた。

論題を「オリンピックの主催国となることは良い投資である」とし，個人の考えではなく，具体的なデータを提示するようにした。

(2) 他者との関わりを通して個人の気付きを得る場面の設定

ペアや4人組で活動し，さらにクラス全体で意見を聞きあうことにより，多様な考えがあることに気付かせる。また，人それぞれの表現の仕方があるということを知り，そこに新たな価値を見いだすように促したい。本単

元では，個人→ペア→4人組→クラス→個人という流れを通して，できるだけ学びが深まるようにした。さらにディベート発表では，予想外の反論意見からも，新たな視点や英語表現の仕方を学ぶことができると考える。

（3）生徒がより前向きに取り組むためのリフレクション

タスクを行う場合，まず生徒自身で何ができて何ができていないのかを確認する。そして，どのようにするのが良いのかを具体的に提示する。また，発表等の後にワークシート等でリフレクションをし，「ここをもっとこうすればよかった」ということに気付かせ，次の学習へとつなげていく。

また，生徒が表現したい英文や単語については正解をすぐ伝えず，簡単な日本語にパラフレーズして返すと，生徒自身で言いたいことを表現できるようになってくる。必要なタイミングで，生徒が既習事項を振り返れるような声かけを心がけている。

5 授業の実際

ディベートの帯活動を毎回の授業で行い，30回ほど重ねた後，振り返りをした。「①自分が変わったと感じるところ」として「物事をいろいろな角度から見られるようになった」「習ってきた文法の実際の使い方を学ぶことができた」という意見が多くあった。「②話し相手の様子がどう変わったか」という問いには「ワンパターンではなく様々な方向から質問をしてくるようになった」「要点がわかりやすい主張をする人が増えた」などの意見が出ていた。「③どのようにすると良くなるか」ということに対する答えをまとめ，生徒たちに配布し，共有した。

それを踏まえて学級内での英語ディベート大会に向けて準備を行った。全国高校生英語ディベート大会のルールを参考にして，本校の生徒向けに変更し，実践した。

図1　ディベート大会の様子

4. ディベートを通して、どんなことが自分にできて、どんなことがまだできないですか？

図2　ワークシート

活動後のリフレクションでは，「できるようになったこと」「できないこと，こうなりたいこと」を中心に行った。

今後の授業では「できないこと，こうなりたいこと」の部分を良い方向へと伸ばしていけるような活動を取り入れていく。

今回のディベート大会後の帯活動では，以前よりも活発に意見を言ったり，言いたかった言葉をメモしたりする生徒が増えた。

継続したディベート活動を通して，根拠を示すことの重要性と，自分の意見にも問い続けられる力を身に付けられるよう，支援していきたい。

（武田　美樹）

[資料]　　資質・能力育成のプロセス（7時間扱い）

次	時		評価規準 ※（　）内はAの状況を実現していると 判断する際のキーワードや具体的な姿の例	【　】内は評価方法 及び Cの生徒への手だて
1	1	関	ペア活動で，自分の意見を伝えようとしたり相手の意見を聞いて反論をしようとしたりしている。（〇）	【発言の確認】 C：沈黙してしまうようであれば，何が言いたいのかを日本語で確認し，英語でどのように伝えるかをペアの生徒と一緒に考えるように促す。
	2〜3	知	意見を言うためにふさわしい単語や文法事項を知っていたり，調べていたりする。（〇）	【ワークシートの記述の確認】 C：既習事項を活用して表現するように促す。
2	4〜6	表	伝えたい内容が相手に伝わるように話す。（◎） （A：相手の意見を受け止めて反論できる。立論では相手意識をもって話をすすめている。）	【発言の分析】 C：他の生徒がどのように発言していたのかに注目させる。
	7	表	最初の自分の考えを踏まえ，ディベートを終えて，題材に対してどのように考えているかを英文で書く。（◎） （A：他の生徒の意見や具体例などを含めて，自分の意見を述べている。）	【ワークシートの記述の分析】 C：正確な英文かどうかを悩まずに，また，長い文でなくてもよいので記入するように促す。
		関	人々のものの見方や考え方について理解したうえで，自分自身についても深く考察しようとしている。（〇）	【ワークシートの記述の確認】 C：今までを振り返ることが難しいようならば，実践したことを順を追って思い起こさせる。

主たる学習活動	指導上の留意点・言語活動の質を高める工夫 （★：学びの自覚を促す工夫）	時
・例として『給食と弁当どちらがいい？』という テーマに関して，どのようなプラス面・マイナ ス面があるかを考えたり，調べたりする。 ・ペアで給食派と弁当派にわかれて，それぞれの プラス面を聞き，口頭で反論をする。 ・どのような意見が言えたかクラス全体で振り返 る。 ・ディベートのルールを確認する。 ・論題を提示する。 【論題】 　Hosting the Olympics is a good investment. ・論題についての，今の時点での自分の考えをワ ークシートに各自で記入する。	・ワークシートに英文ではなく単語でキーワードを 記入するように促す。 ・意見を言う場合に使う表現を確認する。 ★他の生徒の意見を聞き，自分では思いつかなかっ たような意見や英文をワークシートに記入する。 ★考えの変容を記録できるワークシートを用意す る。	1
・4人組で協力して，論題に対する肯定意見と否 定意見を考える。 ・相手チームの反論に対して，具体的なデータが 提示できるように準備をする。 ・英語でどのように表現するのかを確認する。 ・4人組の中の役割分担をする。	・メモは日本語とともに，英語でも書くようにする。 ・インターネットや書籍等を活用してデータを用意 する。 ★4人で協力する際に，自分の役割だけ準備するの ではなく，全員でアイデアを共有する。 ★肯定・否定を決めず，両方の立場で発言できるよ うに準備をする。	2 — 3
・4人組対4人組でディベートを行う。 ・発表しているチーム以外はジャッジを行う。	・肯定・否定はくじで決める。 ★終了後，ジャッジ側から感想を伝える。	4 — 6
・ディベートを終えて，論題に対する自分の考え を書く。 ・書いた意見を4人組で読みあい，相手に伝わる かを確認する。 ・ディベート大会を終えて，自分の変化をワーク シートで振り返る。	★ワークシートを用い，論題に対する意見とともに， ディベートをすること自体に対してもリフレクシ ョンをする。	7

おわりに

　本校はその設置目的に基づき，中学校教育における教育実践研究を日々行っています。このために，横浜国立大学教育人間科学部，文部科学省，神奈川県教育委員会，各市町村教育委員会や県内外の国公立学校等と連携して共同実践研究に取り組んでいます。

　さらにその教育実践の成果を毎年2月の研究発表会で発表するとともに，各研究会での発表や全国からの研修視察の受け入れ，各種研修会への講師派遣，書籍発行等を行うことでもその研究成果を発信しています。

　さて，本校の研究は，これまで各教科における言語活動を通した思考力・判断力・表現力等を育成する指導と評価について，毎年視点を変えながら研究を進めてきました。これまでの実践を踏まえ，昨年度は各教科の本質につながり，協働的に思考したりコミュニケーションしたりする必然性のある言語活動のあり方について，また，そこに必要な「知識・技能」を，どのレベルでどのように位置付けるかに着目しました。

　今年度の研究は，本校が積み上げてきた「見通す・振り返る」学習活動の研究，「知識・技能」の構築へ向かう授業の研究等の成果をベースにしつつ，「学びの自覚につながる指導の工夫」について，授業の具体を提案することになりました。

　私どもがこの研究に着手，推進するにあたっては，悪戦苦闘しながらも常に教職員が一丸となって互いに知恵を出し合い，理論と実践の一体化を図って取り組んでまいりました。今後も，生徒の実態や変容をしっかりと見つめ，地道に研究を進めていく決意であります。

　最後になりますが，本研究にご指導いただいた，文部科学省及び国立教育政策研究所の先生方，慶應義塾大学の鹿毛雅治先生，国立教育政策研究所学力調査官の佐藤寿仁先生，横浜国立大学教育人間科学部等の先生方に深く感謝しますとともに，本書を手にして頂いた皆様に，本校の取組に対してご指導・ご鞭撻をいただければ幸いです。

平成29年2月

横浜国立大学教育人間科学部
附 属 横 浜 中 学 校
副校長　　井 澤 克 仁

＜執筆者一覧＞

横浜国立大学教育人間科学部附属横浜中学校

中嶋　俊夫（校長）

井澤　克仁（副校長）

林　　達郎（主幹教諭　社会科）

髙橋　あずみ（教諭　国語科　研究主任）

清水　理佐（教諭　国語科）

福井　雅洋（教諭　国語科）

土谷　　満（教諭　社会科）

田川　雄三（教諭　社会科）

大矢　周平（教諭　数学科）

関野　　真（教諭　数学科）

池田　　純（教諭　数学科）

田中　明夫（教諭　理科）

神谷　紘祥（教諭　理科）

平石　孝太（教諭　音楽科）

飯田　哲昭（教諭　美術科）

関　　さおり（教諭　保健体育科）

中山　淳一朗（教諭　保健体育科）

佐々木　恵太（教諭　技術・家庭科　技術分野）

池岡　有紀（教諭　技術・家庭科　家庭分野）

田前　千春（教諭　英語科）

武田　美樹（教諭　英語科）

稲田　　讓（教諭　英語科）

田口　さやか（養護教諭）

新しい時代に必要となる資質・能力の育成Ⅱ

「学びの自覚」を促す授業事例集

2017年3月10日　初版発行

編著者　横浜国立大学教育人間科学部附属横浜中学校
発行人　安部英行
発行所　学事出版株式会社
　　　　〒101-0021　東京都千代田区外神田2-2-3
　　　　電話　03-3255-5471
　　　　HPアドレス　http://www.gakuji.co.jp
編集担当　花岡萬之
装　丁　岡崎健二
印刷・製本　新日本印刷株式会社

落丁・乱丁本はお取り替えします。
ISBN978-4-7619-2311-2　C3037